中国支付清算

2023 年第 1 辑

中国支付清算协会◎编

责任编辑：黄海清
责任校对：李俊英
责任印制：程　颖

图书在版编目（CIP）数据

中国支付清算．2023年．第1辑/中国支付清算协会编．—北京：中国金融出版社，2023.4
ISBN 978-7-5220-1948-2

Ⅰ．①中…　Ⅱ．①中…　Ⅲ．①支付方式—研究报告—中国—2023 ②货币结算—研究报告—中国—2023　Ⅳ．①F832.6

中国国家版本馆CIP数据核字（2023）第047185号

中国支付清算．2023年．第1辑
ZHONGGUO ZHIFU QINGSUAN. 2023 NIAN. DI-1 JI

出版
发行　中国金融出版社

社址　北京市丰台区益泽路2号
市场开发部　（010)66024766，63805472，63439533（传真）
网上书店　www.cfph.cn
　　　　　（010)66024766，63372837（传真）
读者服务部　（010)66070833，62568380
邮编　100071
经销　新华书店
印刷　河北松源印刷有限公司
尺寸　185毫米×260毫米
印张　12.25
字数　200千
版次　2023年4月第1版
印次　2023年4月第1次印刷
定价　40.00元
ISBN 978-7-5220-1948-2

《中国支付清算》专家委员会

《中国支付清算》编委会

声　明

向《中国支付清算》投稿即视为授权本书将稿件纳入本书确定的相关学术资源数据库和网站、微信公众号，包括但不限于中国支付清算协会官方网站（http：//www. pcac. org. cn）和微信公众号（“中国支付清算协会”）对外传播。本书支付给作者的稿酬已包含上述数据库和网站、微信公众号著作权使用费。如有异议，请在来稿时注明，本书将作适当处理。

投稿文章须为原创作品，严禁抄袭，文责自负。刊稿仅反映作者个人的观点，并不代表《中国支付清算》主办单位立场。

目　录

高层视角

深入贯彻落实反电信网络诈骗法 推动“资金链”治理再上新台阶

文/张青松*

摘要： 本文阐述了人民银行组织银行业金融机构、非银行支付机构、清算机构等金融单位打击治理电信网络诈骗工作取得的阶段性成效，分析了打击治理电信网络诈骗犯罪具有长期性、艰巨性、复杂性，强调金融行业要以《反电信网络诈骗法》的实施为契机，以更严要求、更高标准贯彻落实党中央、国务院决策部署，践行“金融为民”初心使命，全面落实金融行业打防管控各项措施，织密金融行业风险防控网，牢牢守护人民群众“钱袋子”。

关键词：《反电信网络诈骗法》　资金链　治理

习近平总书记高度重视打击治理电信网络诈骗工作，在 2021 年 4 月对打击治理电信网络诈骗工作作出重要批示，强调注重源头治理、综合治理，全面落实打防管控措施和金融、通信、互联网等行业监管主体责任，加强法律制度建设，坚决遏制此类犯罪多发高发态势。《中华人民共和国反电信网络诈骗法》（以下简称《反电信网络诈骗法》）作为我国第一部专门、系统、规范打击治理电信网络诈骗的法律，是贯彻习近平总书记重要批示指示精神的重要举措，为推动形成全链条反诈、全行业阻诈、全社会防诈的打防管控格局提供了全面的法治保障。

近年来，人民银行坚决贯彻落实党中央、国务院决策部署，在国务院打击治理电信网络新型违法犯罪工作部际联席会议统筹指挥下，组织银行业金融机构、非银行支付机构、清算机构等金融单位主动作为，协助公安机关阻断电信网络诈骗资金转移链条，挽回大量人民群众损失，取得了阶段性成效。打击治理电信网

---

* 作者单位：中国人民银行。

络诈骗犯罪具有长期性、艰巨性、复杂性，金融行业要始终坚持以人民为中心，把学习、宣传、贯彻、实施《反电信网络诈骗法》作为当前和今后一个时期的一项重要任务，充分发挥法治引领作用，增强反诈工作的责任感和使命感，按照法律赋予的职责任务，推动“资金链”治理再上新台阶，以实际行动守护人民群众“钱袋子”。

一、坚持法治思维，依法履行金融反诈责任

《反电信网络诈骗法》对信息链、资金链、技术链、人员链等各环节都提出了具体举措和明确要求，清晰界定了各行业各部门的反诈职责。银行业金融机构、非银行支付机构作为“资金链”治理的关键，要切实履行金融治理法律责任，防范金融服务被不法分子用于转移电信网络诈骗资金。

一是压实风险防控主体责任。银行业金融机构、非银行支付机构要按照“谁的账户谁负责”“谁的商户谁负责”“谁的终端谁负责”“谁的钱包谁负责”等原则严格落实主体责任，逐条对照法律条款要求完善内部控制机制和安全责任制度，将反电信网络诈骗纳入工作环节和业务流程，使反电信网络诈骗成为金融行业风险控制的有机组成部分。

二是完善内部组织保障。银行业金融机构、非银行支付机构要明确落实《反电信网络诈骗法》牵头负责部门和专职工作人员，统筹整合安全保卫、反洗钱、运行管理、个人金融、网络金融、公司金融、信用卡等条线力量，强化各部门工作职责和分工协作，划清前中后台各部门、各环节、总分支机构责任链，将“资金链”治理纳入重点工作任务清单和绩效考核体系，为打击治理工作机制常态化运行提供组织保障。

三是严肃追责问责。银行业金融机构、非银行支付机构对被用于电信网络诈骗活动的银行账户、支付账户和支付结算服务等，要严格以案倒查、举一反三，查补本单位风险防控薄弱环节和管理漏洞。严格落实上级对下级监管职责，对未履行风险防控职责的单位和相关责任人严肃追责。

二、坚持控增量清存量，持续完善账户管理机制

强化银行账户和支付账户管理是电信网络诈骗“资金链”治理的首要环节。

《反电信网络诈骗法》按照党中央“完善预防性法律制度”要求，在“金融治理”章节提出强化开户管理，着重强调客户尽职调查、异常开户处置、开户数量管理等要求，在前端防范方面为“资金链”治理夯实了根基。银行业金融机构、非银行支付机构要严格落实法律规定，切实守住开户风险防控关。

一是完善客户尽职调查制度。落实好客户尽职调查是银行业金融机构、非银行支付机构为客户提供服务、识别电信网络诈骗犯罪的前提条件。《反电信网络诈骗法》第十五条对客户尽职调查涉及的业务范畴、持续时间和工作内容都提出了明确要求。银行业金融机构、非银行支付机构要依法采取合理必要措施识别客户身份、了解开户目的，为判别相关账户、支付结算是否符合客户身份背景、正常业务需求打好基础，让刻意规避客户尽职调查、企图利用金融服务转移犯罪资金的诈骗分子无处遁形。

二是强化异常开户审核。对异常开户情形加强审核是银行业金融机构、非银行支付机构反诈风险防控的一道重要防线。《反电信网络诈骗法》第十六条、第十七条明确规定银行业金融机构、非银行支付机构加强单位和个人开立银行账户、支付账户异常情形的风险防控职责。银行业金融机构、非银行支付机构在办理开户业务时要综合客户身份、开户行为和开户目的等信息有效发现异常开户，对异常情形有权加强核查或者拒绝开户。同时，要注重通过账户分类分级管理机制，对不同客户及其风险特征设定不同账户功能，审慎与客户约定非柜面交易限额，使账户功能与客户正常资金需求相匹配，筑牢账户风险防控安全防线。

三是强化开户数量管理。针对一些单位和个人将银行账户和支付账户出售出租给不法分子转移电信网络诈骗资金的情况，《反电信网络诈骗法》第十六条明确提出开户数量限制规定。银行业金融机构、非银行支付机构要坚决转变以开户数量为导向的内部考核体系，有效评估客户开户数量的合理性，重点关注超出正常需求的大量开户行为，落实有关开户数量限制规定。清算机构要组织推进建设跨机构开户数量核验机制和风险信息共享机制，为银行业金融机构和非银行支付机构提供重要风险信息参考。

四是排查清理存量账户风险。银行业金融机构、非银行支付机构要持续配合公安机关推进“断卡”行动，重点关注符合电信网络诈骗特征的、超出正常业务需求的一人多卡、频繁开销户、频繁挂失补卡等异常银行账户和支付账户，排查清理被出售出租风险，依法将可疑情形移送公安机关。同时要加强客户信息保护，相关信息不得用于反电信网络诈骗以外的其他用途。

三、坚持精准防控，最大限度阻断涉诈资金转移

对交易强化涉诈风险监测并采取风险防控措施，是阻断电信网络诈骗资金链的重要措施。《反电信网络诈骗法》首次立法明确银行业金融机构、非银行支付机构对监测识别的异常账户和可疑交易需要采取必要的阻断措施，这是法律赋予金融行业的职责。同时，《反电信网络诈骗法》也明确提出统筹发展和安全，坚持精准防控，保障正常生产经营活动和群众便利生活。银行业金融机构、非银行支付机构要建立健全“风险监测—及时处理—有效反馈—持续优化”的风控体系，做到风险“早发现、早识别、早处置”，持续提升风险防控的科学性、精准性和有效性。

一是精准研判，提升涉诈异常账户和可疑交易监测识别能力。银行业金融机构、非银行支付机构要落实《反电信网络诈骗法》第十八条、第十九条规定，建立完善符合电信网络诈骗活动特征的异常账户和可疑交易监测拦截机制。要密切跟踪研究、及时掌握电信网络诈骗新变化、新趋势，总结电信网络诈骗活动特征，前置风险防线，持续完善涉诈账户和交易监测机制，及时发现异常账户和可疑交易。要将涉诈账户、交易特征和管控人员信息同步纳入反洗钱客户风险等级划分和监测分析系统，联动做好客户持续尽职调查，延伸监测涉洗钱犯罪活动，及时上报可疑交易报告，让反诈和反洗钱风险监测发挥联防联控、事半功倍的效果。要不折不扣落实支付信息传输真实、完整、一致性规定，为涉诈“资金链”追踪溯源打好基础。

二是精确打击，完善涉诈异常账户和可疑交易管控机制。银行业金融机构、非银行支付机构要对监测识别的异常账户和可疑交易，依法用好核实交易情况、重新核验身份、延迟支付结算、限制或者中止有关业务等必要的管控措施。要充分利用公安机关通报的涉案样本信息，做好回溯性监测，并对发现的涉诈账户及时核验客户身份，必要时调整账户功能，阻断涉诈资金转移。要健全管控措施分类分级机制，依据风险大小、轻重缓急，按照“最小、必要”原则确定管控范围和措施。

三是精细操作，畅通异议申诉渠道。《反电信网络诈骗法》第三十一条、第

三十二条为保护人民群众的合法权益，明确规定要建立风险管控措施的申诉救济渠道。银行业金融机构、非银行支付机构要高度重视并妥善解决因涉诈风险防控引发的群众申诉，要按照“谁决定、谁负责”原则，以“渠道畅通、有误必纠”为目标，畅通账户管控救济渠道，将履行告知义务、首问负责制、解除管控责任等落实到位，提供跨省跨网点的异议申诉服务，及时解除不当管控措施，避免影响客户正常办理业务。

四是精心服务，持续提升金融服务质效。银行业金融机构、非银行支付机构要按照“开户便利度不减、风险防控力度不减，优化服务要加强、风险管理要加强”的“两个不减、两个加强”原则，落实好人民银行相关规定要求，统筹做好风险防控与优化服务，在风险防控同时为人民群众提供便捷的支付服务。数字人民币运营机构要结合客户风险等级和交易场景实施差异化风险管理措施，保障客户的支付体验。清算机构要充分发挥跨机构中枢优势，为客户提供便捷的银行账户和支付账户信息查询渠道。

四、坚持系统观念，全面升级综合治理体系

电信网络诈骗犯罪由“人员链”“信息链”“技术链”“资金链”等多个环节构成并形成产业化利益链条，对其进行打击治理是一场整体战、持久战。《反电信网络诈骗法》明确了齐抓共管、群防群治的总体打击治理思路，金融行业要在国务院、各省市联席会议机制下，充分发挥警银协作机制作用，加强与工信、市场监管、网信等部门配合，共同筑牢反电信网络诈骗整体防线。

一是依法协助公安机关做好资金查控和预警劝阻，最大限度为人民群众挽损。根据公安机关指令查控涉诈资金是阻断涉诈资金转移的最主要方式。《反电信网络诈骗法》第二十条、第三十三条对涉案资金的挽损提出了明确要求。银行业金融机构、非银行支付机构要依法根据公安机关查询、止付、冻结、解冻、资金返还指令及时处置涉案资金，优化工作流程，完善工作机制。要会同公安机关完善预警劝阻系统，及时劝阻潜在被害人转账汇款，最大限度减少人民群众资金损失。

二是协助公安机关严厉打击买卖账户行为，铲除犯罪土壤。买卖的银行账户（卡）和支付账户是不法分子转移电信网络诈骗资金的重要作案工具之一。《反

电信网络诈骗法》第三十一条明确对买卖账户人员在刑事追责基础上实施行政惩戒，加大打击力度，形成强大震慑。银行业金融机构、非银行支付机构要依法对公安机关认定的惩戒人员严格实施暂停新开户、限制账户功能等措施。银行业金融机构要向公安机关及时报告到网点开户的可疑贩卡人员。

三是强化跨机构跨部门联动协作，形成打击合力。人民银行分支机构要会同公安、电信、网信、市场监管等部门强化涉诈信息共享；对辖区银行业金融机构、非银行支付机构落实《反电信网络诈骗法》情况进行监督检查。持续发挥支付结算、反洗钱、外汇管理等部门工作合力，夯实“资金链”综合治理机制。清算机构要推进行业涉诈信息、典型案例共享，提升行业风险防控能力。

五、坚持宣教并举，提高全社会反诈法律意识

针对性、精准性的宣传教育和防范预警是长期以来反电信网络诈骗工作的重要实践经验。《反电信网络诈骗法》对加强反诈宣传教育提出明确要求，金融行业要积极响应号召、迅速贯彻落实，认真做好普法宣传和培训工作，营造“全民反诈”的浓厚氛围。

一是注重宣传解读。将反电信网络诈骗列入金融普法的重要内容，让人民群众充分理解政策举措、政策意图。围绕社会各界、群众关心的热点问题进行重点解读、释疑解惑，回应社会关切。广泛开展警示教育，使人民群众增强防诈识诈能力，强化不得租借账户的法律意识，争取人民群众对金融风险防控的理解和支持。

二是丰富宣传教育形式。将《反电信网络诈骗法》纳入从业人员的必修课，让从业人员全面理解和准确掌握法律规定。广泛动员和组织力量，积极开展反电信网络诈骗宣传月、宣传周等活动，围绕“群众希望了解的”和“需要群众了解的”，针对重点人群深入推进反电信网络诈骗宣传教育，通过“进学校、进企业、进社区、进农村、进家庭”等形式，及时向社会公众提醒不法分子作案的新手法、新动向，全面提升社会公众的反诈意识和防范能力。

三是强化预防提示。银行业金融机构、非银行支付机构在为客户开立账户、提供资金转账等服务时，要特别提示客户防范电信网络诈骗，对可能受到电信网络诈骗的客户及时作出提醒，对租售账户可能被用于违法犯罪的法律责任作出警

示，守护好资金链“预警”宣传防线。

金融行业要以《反电信网络诈骗法》的实施为契机，以更严要求、更高标准贯彻落实党中央、国务院决策部署，践行“金融为民”初心使命，全面落实金融行业打防管控各项措施，织密金融行业风险防控网，牢牢守护人民群众“钱袋子”。

金融市场

制约我国零售电子支付市场发展的瓶颈因素及可能的解决路径

——基于零售电子支付市场竞争状况的分析

文/尹笑怡　方铁强*

摘要： 目前国内零售电子支付市场存在价格调节机制失灵，过度竞争下部分市场参与方角色“异化”，零售电子支付市场深受互联网势力影响等问题。为更系统、深入地剖析市场竞争乱象根源及形成机理，本文抓住互联网经营主体对国内零售电子支付市场影响的主线，着重回溯钱包服务方模式的发展沿革、与国际通行模式的差异、竞争影响，分析互联网经营主体借助钱包服务方身份开展的反竞争行为特征，以及对建立网络支付四方模式的阻碍作用。为此，本文建议尊重市场规律，建立科学合理的定价及市场准入、退出机制，从明确界定钱包服务方模式下各市场参与主体的责权利关系，推动网络支付四方模式建设入手，致力于营造业务规则清晰、鼓励公平竞争的市场环境，以推动我国支付产业健康可持续发展。

关键词： 零售电子支付市场　竞争格局　定价机制　钱包服务方　网络支付四方模式

近年来，国内零售电子支付市场规模持续扩大，互联网支付、移动支付发展迅猛，市场服务主体呈多元化发展，拉动消费、促进流通作用日益凸显。尤其是非银行支付机构（以下简称支付机构）以产品创新、细分客户群体为突破口，拓展了支付服务的广度和深度。但国内零售电子支付市场的运行也存在一些问题和风险，例如，超大型机构的存在导致市场失灵问题；价格战加剧中小支付机构的资金风险、运营风险和道德风险；以逃避监管为目的的“创新”带来支付风

* 作者单位：中国人民银行上海总部。本文仅代表作者个人观点，不代表所在单位意见，文责作者自负。

险，破坏市场公平竞争秩序等。信息技术时代，零售电子支付市场的价值不再局限于支付本身，而是成为互联网经营主体的必争之地，其竞争乱象背后无不有互联网支付的推波助澜。加之，零售电子支付市场的各细分市场有机联系，线上线下支付业务存在交叉、替代，使得竞争关系更加错综复杂。坚持问题导向，通过系统、深入地分析竞争格局、市场乱象及其形成机理，分析制约我国零售电子支付市场发展的瓶颈，不仅有利于消除制约发展的各种障碍，补齐短板、做强弱项，而且有利于健全促进我国支付产业健康可持续发展的长效机制。

一、国内零售电子支付市场供给情况

（一）供给方情况

零售电子支付服务提供主体主要包括银行和支付机构。按照支付指令发起方式分类，零售电子支付服务包括 POS 交易、条码支付和互联网支付等。而互联网支付又可分为网关支付、快捷支付和电子钱包支付。

从零售电子支付服务提供主体的数量来看，银行方面，根据银联发布的《支付枢纽——中国银联 20 年蝶变》统计，约有 1500 家银行开展银行卡收单或发卡业务[①]；支付机构方面，根据移动支付网发布的《十年激变——中国第三方支付牌照研究报告（2011—2021）》统计，截至 2022 年 4 月末，共有 221 张支付牌照，包含银行卡收单、预付卡发行与受理、互联网支付等类型。

按照展业背景，零售电子支付服务提供主体可进一步分为以下几类：一是银行，其提供支付服务由来已久，并以存贷业务为主要利润来源，支付服务可作为营销获客窗口，借以带动存款、贷款、理财等业务协同发展。二是依附于互联网集团生态体系的超大型支付机构，所属互联网集团将支付业务视为形成交易闭环、积累数据的关键落子。三是作为所属集团关联公司或控股子公司的其他支付机构。四是独立中小支付机构，该类机构往往以支付服务为主要收入来源，部分机构同时融入商户经营场景，为客户提供会员管理、智能营销等增值服务。

---

① 魏倩．支付枢纽——中国银联 20 年蝶变．https：//finance. sina. com. cn/roll/2022 - 03 - 25/doc - imcwipii0541116. shtml，2022 - 03 - 25.

（二）价格情况

从定价机制来看，POS收单业务中，收单机构面向商户收取的服务费完全市场化定价；收单机构向发卡行、清算机构支付的收单成本（发卡行服务费、网络服务费）采用政府指导价。在民生或公益行业商户的POS交易中，收单机构支付的收单成本可享受优惠或直接减免[①]。互联网支付和条码支付市场则没有实行政府指导价，产业各方收益分配采取市场化议价。

2019年以来，线上线下C端流量基本见顶，无论是线下POS、条码支付还是互联网支付的服务需求都趋于饱和，市场供过于求，银行、支付机构为争夺商户资源在费率上竞争激烈。国内线上、线下商户费率不足国际平均水平的五分之一。一般而言，欧美商户POS刷卡平均费率维持在2%～3%，网络支付费率约为2.9%，移动支付服务费率约为1.9%[②]，而国内各银行、支付机构对外展示的银行卡收单、网络支付、条码支付商户费率均不超过0.6%，由于各类补贴、返利政策的存在，市场实际费率还远低于此。仅依靠支付服务收益，若达不到规模经济的临界值，支付服务提供主体几乎无法持续经营。

（三）业务运营模式

零售电子支付市场中存在不同的业务运行模式，影响支付市场整体结构、竞争状况及市场参与主体的行为。

1. 线下POS交易采用标准四方模式。目前，线下银行卡收单市场是标准的四方模式。四方模式下，清算机构居间服务于发卡机构、收单机构，通过设立银行卡清算标准和规则，运营相关业务系统，为发卡机构和收单机构提供交易处理，协助完成资金结算服务，同时还具有交易定价权，负责风险监测、差错与争议处理等事项。清算机构不直接参与面向个人的发卡业务和面向商户的收单业务。

2. 互联网支付市场中的钱包服务方模式。2003年以来，国内电子商务蓬勃发展，线上支付问题随之产生。发展初期，有关机构为线上商户提供网关支付服务，流程烦琐、支付成功率低。为此，2010年前后，个别超大型机构把握市场变化、技术发展等因素，与多家银行合作推出了“鉴权/核身+代扣”这一快捷支

---

① 国家发展改革委、中国人民银行《关于完善银行卡刷卡手续费定价机制的通知》。

② 每日经济新闻：我国支付手续费整体低于国际平均水平. https://baijiahao.baidu.com/s?id=1704695238071416870&wfr=spider&for=pc，2021-07-08.

付早期形态，提高了支付账户充值、付款成功率，改善了支付体验。快捷支付的推出，使得支付账户实质成为电子钱包，标志着国内钱包服务方业务模式的初步形成。客户可将支付账户绑定所拥有的银行卡，通过快捷支付方式支配卡内资金或授信额度，银行账户（卡）日益后台化、通道化。快捷支付一经推出，2011年个别超大型支付机构即占据网上支付市场的半壁江山，吸引其他支付机构竞相模仿。

此阶段，钱包不在钱包服务方拓展的商户外使用，该做法与国际通行的钱包服务方业务模式一致。超大型支付机构的钱包与国际通行的钱包服务方业务模式的差异主要如下：

一是钱包服务方代替发卡行进行交易验证。在快捷交易扣款环节，由钱包服务方对付款人进行身份验证，验证方式包括支付账户密码、短信验证码等，发卡行不再进行交易验证，仅凭钱包服务方上送的、在快捷支付签约环节生成的协议号完成扣款。

二是钱包服务方与发卡行一一签约。在国际通行模式下，同一清算网络内的钱包服务方与发卡行无需一一对接、建立业务关系。而国内支付机构与银行开展快捷支付合作之初采取直连模式，需与发卡行一对一协商业务规则、报文标准、通道费用等。后来监管要求“断直连”，交易信息、资金清算通过清算机构转接，但超大型支付机构与各发卡行的快捷业务合作关系、低成本通道仍然存续，成为超大型支付机构保持账户侧优势的基石。目前，网络支付四方模式尚未建立，钱包服务方仍需与发卡行一一签约建立快捷支付合作关系。

三是钱包服务方模式相关业务规则不清晰。在国际通行模式下，关于钱包服务方模式的业务规则较为清晰，而国内对钱包服务方相关资质要求、业务规则、交易报文标准尚未明确，导致钱包服务方的功能和角色定位，及市场主体之间的权责利关系较为模糊。

3. 钱包服务方模式在条码支付市场中的发展。2011 年以前，线下支付主要以银行卡刷卡为主，随着互联网从 PC 端向移动端演进及智能手机的普及，交易场景移动化成为必然趋势。为将支付账户用户优势移植到线下，2011 年 7 月，个别超大型支付机构基于其电子钱包推出二维码支付业务，因其方便、快捷、成本低廉而深受欢迎。在超大型支付机构取得二维码支付推广的巨大成功后，银行及其他支付机构也相继推出了各自的条码支付产品，各机构展开激烈的市场空间争夺战。

与互联网支付相比，条码支付中钱包服务方业务模式有所发展，差异主要在于：

一是在国际通行模式下，电子钱包的余额封闭使用，而国内超大型支付机构支付账户（电子钱包）向其他收单机构开放，其他收单机构的商户可受理使用超大型支付机构支付账户余额付款业务。

二是随着交易链条拉长，钱包服务方角色定位更不清晰。例如，客户在其他收单机构的商户处使用钱包（支付账户）绑定的银行卡内资金付款时，对于该商户的收单机构而言，超大型支付机构类似发卡机构；对于被绑定银行卡的开户行而言，超大型支付机构可被视为收单机构；导致1笔交易中出现了2个收单机构。若对交易报文中如何反映商户、收单机构、钱包服务方相关信息不作明确规定，可能导致发卡行、清算机构无法还原、区分不同交易场景，影响风险监测效果。

三是钱包服务方地位突出。超大型支付机构条码支付一开始采用三方模式，超大型支付机构直连发卡行和收单机构，不通过清算机构网络清算，自行向发卡行、其他收单机构进行清算，超大型支付机构承担了事实的转接清算角色，进而自成体系、自主运营、自行定价，快速占领了线下商户市场的支付入口，对传统银行卡四方模式造成极大冲击①。

后来，监管部门为规范市场秩序，要求支付机构切断直连模式，受理的跨机构条码支付业务通过清算机构处理。但断直连完成后，条码支付市场与标准四方模式仍相距甚远，超大型支付机构仍在各关键环节起着核心作用：第一，虽然均为清算机构的成员机构，但各发卡行、收单机构仍需与超大型支付机构一对一签订协议、建立业务关系，并协商确定费率水平、合作模式等。第二，超大型支付机构掌握商户侧业务开通权限，其他收单机构以超大型支付机构服务商的角色存在，其拓展的商户若想受理超大型支付机构支付账户付款，须经超大型支付机构审核后才能开通交易。第三，超大型支付机构在产业链条中掌握定价话语权，一方面，超大型支付机构凭借庞大的用户规模和账户体系压低发卡行通道价格；另一方面，在与其他收单机构协商手续费率时，超大型支付机构明显处于主导地

① 周万山．银行卡收单交易的手续费成本收益解析．https：//www.mpaypass.com.cn/news/201902/18095600.html，2019－02－18.

位。第四，超大型支付机构在条码支付的风险监测和处置中发挥重要作用，风险事件发生时可直接暂停涉案商户交易，争议处理一般也会通过超大型支付机构专门系统实现。第五，涉及超大型支付机构的条码支付交易报文标准基本沿用断直连之前超大型支付机构的标准。

二、竞争状况及存在问题分析

零售电子支付市场的竞争包括不同层次的竞争，第一层是标准四方模式与钱包服务方模式之间的竞争，第二层是各模式中参与者之间的竞争，其中，在钱包服务方模式下，各钱包服务方之间有竞争，钱包服务方和本体系内的收单机构和发卡机构还存在竞争。竞争关系错综复杂、相互交织，其中，超大型支付机构等钱包服务方居于市场优势地位，主导市场竞争格局，其竞争策略对市场有重大影响。

（一）竞争情况

1. 线下 POS 市场。线下 POS 市场不存在寡头级别的参与者，各收单机构产品（服务）高度同质化，为抢占市场份额，往往采取低价竞争策略。

（1）部分支付机构并不具备开展线下银行卡收单业务的属地化服务能力。线下银行卡收单业务环节多、链条长，属于劳动密集型产业，需要投入大量成本维持业务运营。部分支付机构在取得全国范围银行卡收单业务许可前，并不具有相应展业经验，获牌后也未建立与提供属地化商户服务相匹配的分支机构架构，长期采取“轻资产”运营模式，严重依赖外包服务商拓展、服务商户，商户服务掌控在外包服务商手中，在市场中扮演着外包服务商的通道提供方角色，无法落实收单主体责任。被“通道化”以后，支付机构将进一步失去与上游银行、下游外包商、商户的议价能力，丧失可持续发展能力，陷入恶性循环。类似地，中小银行开展 POS 收单业务也存在被“通道化”问题。

（2）价格机制的市场调节作用未有效发挥。

一是收单机构直接收益水平较低。1993 年以来，监管部门坚持市场化导向，不断完善线下银行卡收单商户费率管理制度，逐步建立起了产业分润模式，但由于 POS 刷卡市场供过于求，价格持续下调，使得收单机构直接收益水平大幅降低，普遍面临亏损压力，制约了银行卡收单市场可持续健康发展。

二是分润偏向发卡侧，未能均衡各方利益。按照现行分润机制，80%[①]以上的商户回佣收入都分润至发卡行和清算机构，在部分极端场景下回佣水平难以覆盖收单机构的直接成本，更遑论覆盖收单机构扩大业务规模必需的人力成本、设备成本、营销成本等支出。长期以来，偏向发卡行的分润机制鼓励了银行卡发卡业务快速发展，在便利群众支付和日常消费等方面发挥了重要作用。分润机制偏向发卡侧在发卡市场发展较为薄弱的背景下是必要的，但目前发卡市场出现了滥发卡、重复发卡等问题，例如，2022 年第二季度末全国人均持有银行卡达 6.58 张[②]，又如《中国银保监会 中国人民银行关于进一步促进信用卡业务规范健康发展的通知》（银保监规〔2022〕13 号）明确要求银行长期睡眠信用卡比率不得超过 20%，超出该比例的，将不得新增发卡。在此情景下，不宜再通过分润机制刺激银行卡发卡业务。

（3）条码支付对 POS 交易的替代效应明显。条码支付更便捷，成本更低廉，对 POS 刷卡有明显的替代效应，二者定价上也相互影响。定价上，为了抢占市场，超大型支付机构为商户提供条码支付服务的费率远低于 POS 刷卡，甚至为零费率，在侵蚀 POS 业务市场份额的同时带动 POS 刷卡费率一降再降，导致 POS 收单机构的商户回佣收入难以覆盖相关成本。另外，在获客上，除大额或特殊场景中，POS 刷卡基本被条码支付所取代，真实刷卡需求大幅降低。

获客、费率上受到双重挤压的部分 POS 收单机构，转而可能寻求利用定价机制漏洞，例如，通过“套用优惠或减免类商户”以降低成本，导致交易信息失真，损害市场竞争秩序。

2. 互联网支付市场。

（1）集团生态体系内“捆绑销售”收单服务。数字经济时代，难以阻止平台企业将用户流量和数据以接近零成本的方式应用于新市场，实现市场影响的跨市场传导。例如，大型电商、社交平台将其庞大的电商、社交用户规模通过“捆绑销售”等方式移植到零售电子支付市场，以推广其电子钱包支付方式，并在账户侧、商户侧数据及时反馈基础上不断进行技术迭代优化，帮助集团所属支付机构在零售电子支付市场迅速突破临界点，在双边市场的正反馈效应下实现快速扩

① 周万山．国内商户收单业务价格体系分析与建议．https：//www. mpaypass. com. cn/news/201901/09095305. html，2019－01－19.

② 支付结算司．2022 年第二季度支付体系运行总体情况．http：//www. pbc. gov. cn/zhifujiesuansi/128525/128545/128643/4661698/index. html，2022－09－19.

张。超大型支付机构所属集团（平台企业）很长一段时间内封闭生态系统，为体系内商户指定收单机构，拒绝其他收单机构进入展业，这也是超大型支付机构利用所属集团商业生态优势获取不正当竞争优势的关键。

（2）互联网线上支付市场中超大型支付机构支付账户封闭使用。超大型支付机构通过网上购物、旅行预订、生活缴费等场景积累了一批规模较大、黏性较强的支付账户初始客户。超大型支付机构以该批客户为基础，利用双边市场的交叉网络效应，积极向商户侧的其他线上细分市场渗透。超大型支付机构采取支付账户在线上交易中封闭使用策略，即商家若要受理“消费者使用超大型支付机构支付账户付款”，必须成为超大型支付机构的商户。该策略是超大型支付机构利用已建立的账户侧优势谋取商户侧优势，进而促进账户侧、商户侧优势循环强化的典型。

此外，超大型支付机构凭借账户侧优势，还可以从发卡行获得更低的通道成本和便于用户钱包一键绑卡的特色服务。其他收单机构提供的网关支付和快捷支付与超大型支付机构钱包支付相比，付款流程相对复杂、用户体验不佳，导致用户群体较少。由于不同收款通道加大了商户对账工作的复杂性，长此以往商户仅愿保留超大型支付机构钱包付款方式，而不愿选择其他机构提供的支付通道。除部分特定场景外，其他支付机构、银行几乎都无力与超大型支付机构在线上市场中竞争。

（3）超大型支付机构在支付流程中嵌入消费信贷产品、理财产品。作为与平台内发卡机构进行竞争的手段，超大型支付机构在支付流程中嵌入消费信贷产品，将跨机构业务转化为本代本业务，与银行存贷业务形成跨界竞争。超大型支付机构 App 嵌入基金、征信、保险等金融功能，使得支付账户成为“一站式金融服务”入口，金融机构则从直面客户变为管道化的产品和服务提供商，超大型支付机构向其收取高额“流量税”，用以弥补其在支付服务市场“低价倾销”的损失。超大型支付机构在支付流程中嵌入消费信贷产品，不仅是与平台内发卡机构竞争，同时也是扩大本代本交易规模，引导资金留存在超大型支付机构账户体系内，借以打造“支付 + 清算”封闭业务链，垄断用户、流量和数据，形成信息、资金闭环，成为与其他钱包服务方竞争的重要手段。

3. 条码支付市场。

（1）低价倾销推广条码支付，抢占线下 POS 市场份额。支付是超大型支付机构所属集团抢占线下场景、完善自身生态体系的入口，属于集团重要基础设施。超大型支付机构为了将钱包（支付账户）用户优势延伸到线下，基于支付账户推出了条码支付。由于条码支付收费标准没有政府指导价约束，超大型支付机构凭借集团交叉补贴，“烧钱”发放优惠券培育用户习惯，并持续以远低于POS刷卡费率的服务费率甚至零费率提供条码支付收单服务，迫使其他收单机构跟随将服务费率保持在优惠价格甚至零费率，不但侵蚀了POS市场份额，也挤压了其他收单机构的盈利空间。另外，超大型支付机构还根据商户数量、交易规模等因素确定服务商（其他收单机构）返佣水平，使得其他收单机构产生零费率拓展商户、扩大交易规模的冲动，实现了超大型支付机构快速扩充条码支付受理市场的目的。

（2）超大型支付机构利用个人转账收款码业务扩大本代本交易规模。不同于互联网线上支付市场，各互联网集团相互封闭生态体系，线下条码支付市场中交易场景总体开放，但超大型支付机构个人转账收款码业务仍保持封闭。《中国人民银行关于加强支付受理终端及相关业务管理的通知》（银发〔2021〕259号）公布以前，线下已有大量个人商家使用超大型支付机构的个人转账收款码进行经营收款，其业务流程和超大型支付机构普通商户条码支付业务无实质区别，却未执行收单业务监管要求。申请人通过App远程申请，无需额外提供商家身份、经营情况等信息，转账不需支付手续费，所收款项直接进入申请人支付账户。转账收款码不向其他收单机构开放，成为超大型支付机构依托自有闭环账户体系，占领长尾市场、快速积累海量用户的利器①。

（3）超大型支付机构对直连商户和间连商户实行差别待遇。条码支付业务中超大型支付机构支付账户向其他收单机构开放，条码支付市场演变为结构更复杂的双边市场，而超大型支付机构则是其中横跨账户侧与受理侧的平台企业，超大型支付机构同时拥有平台和平台内经营者的双重身份。超大型支付机构有能力、也有动机利用平台自身与平台内经营者之间的不对称地位，在与平台内经营者竞争中滥用市场势力的可能，例如，可能采取“自我优待”策略，按商户是否与自身直接对接，将商户划分为直连商户和间连商户，并向直连商户提供更低费率和更多功能，同时不允许其再以间连商户名义通过其他收单机构接入。超大型

① 尹笑怡，方铁强．大型支付平台反垄断实施中相关市场界定研究［M］//中国支付清算协会．中国支付清算（2021年第2辑）．中国金融出版社，2021：3－24.

支付机构还可能通过资料审核、数据分析等方式不断“发现”优质的间连商户，通过给予更低费率、更多营销支持等手段予以“挖转”，使其变成直连商户，以进一步限制竞争。

（二）竞争效果

1. 零售电子支付市场集中度上升。钱包服务方模式的兴起及超大型支付机构可能的反竞争举措使得零售电子支付市场集中度越来越高，市场资源加速向头部平台集中。例如，排名前2位的支付机构在互联网支付中的市场占有率分别为21.05%和18.29%①，在条码支付中的市场占有率分别为55.39%和38.47%②。

从支付App用户活跃度看，2022年6月微信App月活跃用户量为13亿③，2021年12月支付宝App月活跃用户量为7.96亿，云闪付App月活跃用户量为1.04亿④，仅中国工商银行、中国建设银行、中国农业银行掌上银行三款App月活跃用户量过亿（最高为中国工商银行App，月活跃用户量为1.14亿），其余各银行和其他支付机构App月活跃用户量均未过亿⑤。

据中国支付清算协会统计，用户最常使用的移动支付产品是支付宝、微信支付和云闪付，在网上购物等线上场景占比分别为89.3%、81.3%和75.4%，在实体店消费等线下支付场景占比分别为88.4%、88.5%和80.5%；除此之外，用户使用手机银行客户端和其他支付机构App的占比约为10%⑥。

2. 其他支付服务主体逐渐失去与超大型支付机构抗衡能力。在行业盈利能力疲弱、供求失衡的背景下，除超大型支付机构外的不同类型支付服务提供方的生存状态显著不同，但几乎无法对超大型支付机构构成竞争威胁。

大型银行通过贷款等其他高利润业务对支付业务进行交叉补贴，补贴力度不

① 易观分析．互联网支付行业数字化进程分析——易观：2022年第1季度中国第三方支付互联网支付市场交易规模7.41万亿元人民币．https：//www.analysys.cn/article/detail/20020586，2022－06－20.

② 易观分析．中国第三方支付移动支付市场季度监测报告2020年第2季度．https：//www.analysys.cn/article/detail/20019936，2020－09－30.

③ 新浪科技．腾讯：微信及WeChat月活12.99亿，同比增长3.8%．https：//baijiahao.baidu.com/s? id=1741396808497302633&wfr=spider&for=pc，2022－08－17.

④ 21世纪经济报道．金融App内容生态报告①：支付宝、华为钱包、云闪付进入TOP 10，厂商系支付结算App服务生态扩容，用户停留时长过短痛点待解（附top 10）．https：//www.163.com/dy/article/H7192SID05199NPP.html，2022－05－10.

⑤ 21世纪经济报道．金融App内容生态报告：工行建行农行招行进入TOP10，网上银行类App自建内容开放平台．http：//stock.10jqka.com.cn/20220510/c639019762.shtml，2022－05－10.

⑥ 中国支付清算协会．中国支付清算协会发布2021年移动支付用户问卷调查报告．https：//baijiahao.baidu.com/s? id=1730685124005833551&wfr=spider&for=pc，2022－04－21.

足的中小银行，收单业务则呈现收缩状态。

除超大型支付机构外的支付机构，在获得支付业务许可证前，大多具有在线上特定细分市场提供支付服务的能力，获牌后结合自身优势向更多服务领域拓展，但随着超大型支付机构通过交叉网络效应形成的竞争优势日益凸显，其他支付机构在日常支付场景的竞争中逐渐处于劣势。2014 年前后其他支付机构开始为处于创新风口的互联网金融业务提供支付服务，当时 P2P 网络借贷等新兴业态产生了大量支付需求并能接受较高的费率水平，支付机构还可取得备付金利息、引流收入，收入呈现多元化趋势。处于该环境中的部分支付机构没有致力于夯实核心业务能力，在抓场景、抓商户方面投入不足。后来，互联网金融专项整治行动开始实施，支付行业监管政策呈审慎、趋严态势，断直连、备付金集中交存等政策陆续出台，手续费水平连年下调，部分支付机构的经营风险陡然上升、转型升级难度加大。

还有部分支付机构被新进入的互联网强势企业收购，开始依附于互联网集团生态体系运营，但该类支付机构一般无法走出所属集团场景，即使在集团场景内，由于大部分付款人不愿意重新开立支付账户并绑卡，也未必能较超大型支付机构取得竞争优势。

3. 支付机构为信用卡套现等非法交易提供服务，市场合规形势严峻。在费率水平无优势的情况下，中小支付机构很难争取到优质商户，拓展到问题商户的风险较高。部分支付机构甚至不惜放松合规要求，对商户身份造假等行为持放任态度，或为黑灰产商户和虚假、问题商户提供服务。

例如，开展 POS 收单业务的支付机构普遍将费率水平较高且呈连年上涨趋势的信用卡套现视为“救命稻草”。据财新网报道，几乎所有 POS 收单支付机构都做线下信用卡套现，2019 年末的信用卡套现交易总额约 2 万亿元，套现交易量至少占线下信用卡支付交易的 70%①。传统的线下套现及后续衍生出的以无卡支付类 App 为载体，以“账单分期、代还、养卡”等为卖点的新型线上套现形式，均离不开通过支付通道、改变商户类型来构造虚假交易。又如，部分支付机构为了获取高额手续费，面向网络赌博、电信诈骗、非法网络支付平台、跑分平台等黑灰产提供收付款通道，帮助分拆、隐匿、转移非法资金，破坏金融管理秩序。

---

① 张宇哲．万亿信用卡套现江湖风云．https：//weekly. caixin. com/2020 - 06 - 20/101570143. html，2020 - 06 - 22.

为此，中国人民银行对涉事银行、支付机构进行了有力的行政处罚。以支付机构为例，根据移动支付网的统计，2015—2021 年中国人民银行对支付机构处罚记录共 581 条，对责任人处罚记录共 101 条，单位层面罚款金额合计 9.85 亿元，个人层面罚款金额合计 1471.06 万元①。

4. 当前市场格局下，建立网络支付四方模式困难重重。相较于钱包服务方模式的蓬勃发展，采用标准四方模式的 POS 刷卡交易真实需求大幅下降；采用标准四方模式的网关、快捷支付也收缩至线上特定场景。当前支付市场竞争格局的形成，反映出钱包服务方模式在平台经济模式盛行的数字经济时代具有较强的竞争力。

在数字经济时代，采取平台经济模式的互联网集团势力异军突起，深度重构了诸多行业的市场格局，其中，零售电子支付市场为受影响最深的市场之一。互联网集团势力进入后推动了支付市场的飞跃性发展，反过来，也成为互联网集团获取流量、积累数据、横向跨界其他行业的重要跳板。

钱包服务方模式是支付市场中平台企业的运营模式之一，互联网集团势力进入支付市场后选择该模式，是因其最适合“引进”集团既有用户基础和数据优势，也最有利于从支付市场吸引新用户，掌控更多数据，从而提升生态对用户的黏性，不断扩大和竞争者的“数据鸿沟”。在不加外力干预的情况下，单边企业（例如，仅有收单业务的中小支付机构）难以竞争过平台企业（例如，同时开展账户业务和收单业务的支付机构），没有生态支持的平台企业难以竞争过有生态支持的平台企业。

从竞争策略看，互联网平台企业的竞争常常是一边实现平台生态商业边界的无序扩张，例如超大型支付机构在线下条码支付市场的扩张；另一边是封闭生态体系，在体系内限制竞争，例如超大型支付机构对线上互联网支付市场生态的封闭。

在当前市场格局下，各钱包服务方的市场势力业已形成并日趋稳固，建立网络支付四方模式的困难如下：

超大型支付机构与所有主流银行建立了快捷业务合作，在合作过程中，银行账户（卡）日益后台化、通道化，某种意义上发卡侧已被控制于超大型支付机

① 移动支付网．十年激变——中国第三方支付牌照研究报告．https：//www. mpaypass. com. cn/news/202205/07161359. html，2022－05－07.

构手中。当前，消费者使用电子钱包付款的习惯业已形成，对于清算机构、收单机构而言，超大型支付机构俨然成为市场中“超级发卡机构”，收单机构则为数众多，在这样的市场格局下，清算机构居间协调作用大幅减弱。一方面，若市场中只有一两家发卡机构，各收单机构直接与发卡机构签约即可，在交易信息传递和资金清算路径中插入清算机构，反而可能延长交易链路、降低交易效率。另一方面，若发卡侧只有一两家机构，付款人均使用上述发卡机构的账户（卡），对于收单机构而言，则必须要能受理发卡机构的账户（卡），否则无法为商户提供收单服务。此时，市场中的发卡机构拥有绝对话语权，收单机构即使面对发卡机构提出不利于自身的业务规则和费率水平，仍只能被迫与发卡机构开展合作。相应地，在账户机构明显居于主导地位的市场格局中，清算机构所起居间协调作用有限，没有足够能力协调账户机构、收单机构。

目前超大型支付机构等钱包服务方在账户侧的优势地位业已形成，短时间内市场格局很难被打破，仅依靠市场力量和清算机构的组织协调，推动建立网络支付四方模式、实现各钱包方的互联互通可能比较困难。另外，一些清算机构大力发展自身的 App，其也是钱包服务方，并与超大型支付机构形成竞争，依靠其居间协调，推动建立网络支付四方模式、实现各钱包方互联互通，较难有市场说服力和动员力。

三、政策建议

当前零售电子支付市场竞争格局的形成是技术进步、市场竞争及前期包容审慎的监管政策等共同作用的结果，新形势下为推动我国支付产业高质量发展，监管应更强调公平与效率的关系，致力于打造公平合理的业务规则、鼓励创新的市场环境。

（一）优化钱包服务方模式，避免其反竞争效应

钱包服务方模式不仅在获客和扩展市场势力上有独特优势，还同时把控账户侧和收单侧数据，在提升风控水平、支付效率和用户体验方面也有优势。

钱包服务方模式由于其平台本质，易于滋生反竞争行为，叠加支付市场定价机制不合理，准入退出机制、产业监管框架和平台反垄断执法体系有待完善等因素，给市场带来了许多问题。虽然自上而下的断直连赋予了清算机构对支付机构

和商业银行之间清算的功能，但国内超大型支付机构支付平台势力已经形成，短时间内无法改变。当前的首要任务是优化钱包服务方模式相关规则，确保交易透明、定价合理、风控机制有效、市场各方权责利清晰，而不是拘泥于标准四方模式的外在形式，钱包服务方模式、标准四方模式一段时期内可并存、共同发展。

（二）建立科学合理的定价机制

1. 组织产业各方共同研究制定适应业务发展规律的政府指导价格体系。零售电子支付市场中各细分市场定价机制不一且市场化程度不同，但线上线下支付业务存在交叉、替代，各细分市场之间相互影响。故宜制定全面覆盖线上线下业务的政府指导价格体系，综合考虑各细分市场之间价格的传导和相互影响，坚持线上线下一体化定价；根据服务成本，确定合理的商户费率水平，避免优势企业依靠集团“交叉补贴”或脱离成本自由定价，影响其他经营者生存，使得零售电子支付市场异化成其他市场的附庸。

2. 产业利益分配机制上兼顾各方利益。在服务小微企业、减费让利的大背景下，对商户收取的支付手续费水平不宜大幅上调，故参与方内部分润机制成为调节市场的重要手段。当前，线下银行卡收单市场的政府指导价中，分润比例仍偏向发卡侧，已不适应当前支付市场发展需要，宜根据现阶段市场发展态势、盈利状况，由发卡侧、清算机构向收单侧作部分让利，确保收单机构拥有合理盈利空间，有意愿、能力投入终端机具、研发资源，改善受理环境、提升商户服务品质。

3. 通过利益分配机制激励优势企业参与推动条码支付互联互通。互联互通能为市场参与各方节省交易成本，但优势企业前期推广钱包应用所需的大量资金和人力成本，已形成的用户黏性也将受到重大不利影响。条码支付互联互通过程中，在利益分配机制上，宜合理补偿目前拥有较多商户、码牌资源的先发优势企业，以此激励“巨头”们积极参与互联互通建设。

（三）建立市场化、常态化的准入退出机制

1. 完善退出标准，严格市场退出机制。支付牌照发放初期，获牌机构数量众多，致使支付服务供给过剩，供给方中存在部分缺乏竞争力的机构，例如，线下收单市场中没有属地化商户服务能力的支付机构。支付“严监管”常态化以后，支付牌照发放暂停，有需求的企业无法通过正常申请渠道获牌，只能付出高昂代价并购持牌机构，导致部分亏损运营或勉强保本的支付机构将支付牌照视为

“壳资源”待价而沽，希望通过并购、重组方式高价“易主”。

建议完善退出标准，严格市场退出机制，引导不具有持续经营能力的支付机构退出市场，减少无效供给，降低供求失衡矛盾；鼓励现有支付机构兼并重组，拓宽多元化退出渠道。

2. 建立常态化的准入机制。互联网平台领域的竞争动态性强，跨界竞争、用户多归属、熊彼特“创新性破坏”等特征的存在是互联网平台领域市场结构不稳定的重要原因，即使在位平台已经拥有大量用户规模的情况下，新平台依然可以通过补贴等手段吸引用户加入。故建议适时重新开闸牌照审批，鼓励有需求、有实力、有技术优势的新竞争者入局；形成有进有出、优胜劣汰的市场生态。

（四）完善监管制度体系，开展常态、系统、持续监管

1. 坚持科学审慎的监管思路，不断细化各类业务的监管要求。根据市场变化更新并完善前期发布的管理办法，补齐监管制度短板，划出创新边界和底线，防止部分市场参与者依靠监管套利，获取不正当竞争优势；大力发展监管科技，开展常态、系统、持续监管，确保支付交易、清算、结算各功能环节清晰，参与者的风险和责任更加明确。例如，国内尚未在监管制度层面对钱包服务方业务模式作出清晰界定，2021 年 1 月发布的《非银行支付机构条例（征求意见稿）》中没有钱包服务方这一专门角色，相关监管要求有待明确和细化。

2. 强化支付平台参与金融业务监管。支付连接、聚集着资金供求双方，是金融业务的天然跳板。部分支付平台以科技公司之名行金融之实，凭数据、信息、技术无序开展交叉金融业务，产品、业务的边界和逻辑模糊，打破了分业监管框架下的“防火墙”，不仅存在欺诈消费者和数据泄露风险，还容易导致系统性风险。对此，一是应要求支付回归本源，断开支付工具和其他金融产品的不当连接。二是支付平台进入金融领域后，应严格区分金融业务与非金融业务，金融业务必须持牌经营，遵循金融业的基本规律和监管规则。三是进一步规范支付平台与金融机构的业务合作，平衡产业链中利益分配。

（五）加强反不正当竞争监管

1. 建立反垄断执法与支付产业监管的协调机制。数字经济时代中，超大型支付平台带有基础设施属性，关系国计民生；加之，支付行业本身专业性强、技术特征明显，新业态、新模式、新技术不断涌现，故有必要加强市场监管部门与

行业监管部门联席会商机制，建立反垄断执法与支付产业监管的协调机制，加强相关市场界定和垄断行为审查标准研究合作，提升垄断行为审查标准的精细化、多元化。增强支付行业反不正当竞争监管的权威性、科学性、专业性和有效性，以明确的“红绿灯”来规范平台经营行为，有效预防和制止损害市场秩序的垄断行为、不正当竞争行为及不公正交易行为。

2. 与所属互联网集团的反垄断工作协调一致。超大型支付机构所属互联网集团基于自身巨大的用户规模实施跨界经营，在信息和数据维度上，属于市场的“看门人”，支付市场是其进一步扩展业务版图的重要据点。故支付市场的反垄断工作应与所属互联网集团反垄断工作协调一致，注重与其他行业监管部门间的协调配合。此外，支付市场的互联互通与互联网集团开放生态系统也应一脉相承，对新进平台经营者保证支付账户受理等关键设施开放，降低潜在竞争者的进入门槛，增强“可竞争性”。

3. 明确反垄断监管部门的责任范围和监管边界。明确监管流程、方式和手段，尊重数字经济市场发展特性和规律，谨防反垄断工具滥用、误用，成为阻碍支付市场创新的因素。

（六）推动网络支付四方模式建设

综合国际国内经验，四方模式是一种成熟的、有利于支付市场发展的主流模式，四方模式细化了成员机构分工，有利于节约交易成本、提高交易效率和交易透明度、提升消费者权益保障程度和促进市场公平竞争等。标准四方模式中，中小支付机构可以凭自己的优势和特长参与竞争，有商户资源的可致力于开展增值服务、提升商户服务能力，有线上用户资源的可将线上优势引入线下，实现差异化发展，推动众多中小支付机构业务步入正轨，以实现规范和治理收单市场竞争乱象的最终目的。需要强调的是，这里所说的“推动网络支付四方模式建设”是指要达到四方模式的市场实施效果，其实现方式在目前市场格局下，由于清算机构居间协调作用大幅减弱，可不拘泥于传统形式。

在当前市场格局中，达到四方模式的市场效果，可能需要更多行政力量推动。建议监管部门抓住平台经济反垄断契机，通过行政力量推动条码支付互联互通，引导各类支付市场主体相互开放业务权限，建成支付市场主体平等参与、无差别的共享网络，实现线上、线下各类交易的全方位互联互通，明确市场各方角色定位，制定全行业统一的技术、业务、风控标准，增加支付交易透明度，确保四方模式优势得以充分发挥。

此外，建立符合四方模式的业务规则与理顺支付服务定价体系，支付领域反垄断、反不正当竞争是相辅相成、相互促进的。科学合理的价格体系的形成，约束支付巨头妨害公平竞争秩序的行为有利于符合四方模式的业务规则建立、实现四方模式的最终目的；符合四方模式的业务规则，反过来又可促进瓦解支付巨头市场势力，例如，条码支付互联互通的业务规则对超大型支付机构等钱包服务方在用户侧、商户侧的市场影响力可产生瓦解效应。

金融普惠

裕农民　通农村

——建设银行“裕农通”普惠金融服务

文/吴　敏*

摘要：近年来，建设银行深入贯彻党中央、国务院精准扶贫和乡村振兴总体规划，落实中央“引导大银行服务重心下沉”精神，按照监管部门“基础金融服务不出村，综合金融服务不出镇”的要求，创新服务乡村振兴新模式，推出服务乡村振兴的“裕农通”统一品牌，并逐渐形成以“裕农通”线上线下融合发展的新型服务格局，有效连接G端、赋能B端、服务C端，促进新金融服务乡村振兴的跃迁升级。

关键词：金融普惠　服务

一、另辟蹊径，创新“裕农通”普惠金融服务

按照中国人民银行《关于推广银行卡助农取款服务的通知》（银发〔2011〕17号）和《关于全面推进深化农村支付服务环境建设的指导意见》（银发〔2014〕235号）的要求，建设银行一直着力于落地落实，依托电话POS机具提供助农取款服务。

随着业务发展，电话POS模式拓展覆盖能力有限，弊端也日益显现，如投入成本高，设备利用率不高；服务机具维护成本高，后期服务难以跟上；按季巡检难以达到，存在较大风险隐患；等等。自2015年起，建设银行在已开展电话

* 作者单位：中国建设银行乡村振兴金融部。

POS 助农取款的基础上，结合移动互联网发展趋势，由湖北省分行经当地人民银行批复①许可后，试点基于助农点业主手机提供农村助农取款服务。2016 年，建设银行与中华全国供销总社签订普惠金融合作协议，开启合作共建新模式，并推出“建行裕农通”普惠金融服务，注册“建行裕农通”商标，建设“裕农通”知识产权保护体系；同时，依托新一代核心系统建设搭建了拥有自主知识产权的“裕农通”业主综合管理平台并于 2017 年开始全行推广。

2018 年，建设银行出台“裕农通”系统工程实施的三年规划，并在当年底与海尔集团签订“裕农通”普惠金融战略合作协议，打造了深度合作典型模式，同时“裕农通”积极与村委、村卫生室、供销社、益农信息社、连锁超市、烟草公司、电商平台等第三方机构开展合作共建。2019 年 10 月，建设银行吹响“裕农通·村村通”工程号角，全行加速建设“裕农通”服务点。近年来，建设银行着力推动“裕农通”服务点提质促活，促进线上线下融合发展，致力于把“裕农通”打造成聚合“金融服务、便民事务、智慧政务、电子商务”的乡村振兴综合服务平台。

凭借在普惠金融及农业农村生态领域的突出表现，“裕农通”荣获了 2018 年《亚洲银行家》中国最佳普惠金融产品大奖、《零售银行》最佳年度普惠金融大奖及 2021 年《亚洲银行家》“中国最佳数字化生态系统项目”。

二、求真务实，发挥“裕农通”普惠金融服务质效

建设银行持续丰富“裕农通”便民服务场景，不断完善“裕农通”综合服务能力，坚守“裕农通”裕农民、通农村的价值取向，坚持“裕农通”离农村更近、与农民更亲的目标追求，聚焦社会痛点，解决社会难点，契合政府关注点，激活合作者的兴奋点，实现高质量发展，努力打造乡村振兴新金融行动新主场。

（一）打破金融梗阻，打造乡村振兴线下综合服务中心

建设银行集中将“裕农通”普惠金融服务点打造成服务乡村振兴线下“有温度”的综合服务中心，把金融的窗口、理念、方法、手段搬到村口，按照“数

① 《中国人民银行武汉分行关于中国建设银行湖北省分行开展银行卡助农取款服务的批复》（武银函〔2014〕58 号）。

量上大体覆盖，功能上有效覆盖”的要求，截至2022年9月末，全行共设立“裕农通”普惠金融服务点48万个，覆盖全国近8成的乡镇及行政村，为超过5000万农村客户提供基础支付、反假币反洗钱宣传、金融知识普及等基础金融服务，以及水电燃气缴费等非金融服务超过2亿元。

（二）扎根县域场景，打造乡村振兴线上综合服务平台

在铺设了遍及全国的“裕农通”服务点网络之后，建设银行依托金融科技不断延展服务触角，搭建了线上“裕农通”App，与线下服务点相互促进、协同发展，共同构成了“一个乡村振兴金融服务平台”，推动涉农金融、非金融服务由线下向线上延伸，更大限度提升涉农服务的便利化程度。

“裕农通”App是建设银行立足乡村发展实际，打造的集助农金融服务、便民生活服务和社交功能于一体的线上平台，自2020年7月在河北上线以来，功能不断完善、推广力度不断加大。截至2022年9月末，“裕农通”App注册用户约400万户。

（三）落实监管要求，落实金融科技赋能乡村振兴示范工程

2021年4月，人民银行等七部门联合发布了《关于组织开展金融科技赋能乡村振兴示范工程的通知》，建设银行党委高度重视，要求做好示范工程工作部署。建设银行从“农民、农业、农村、科技基础支撑”四个维度，面向全行迅速规划了2021—2022年金融科技赋能乡村振兴的行动路径和重点领域。其中2021年确定了11个重点项目领域，2022年确定了21个重点项目领域，认真落实金融科技在“裕农通”的应用，向社会赋能。

（四）聚焦乡村民生痛点，丰富利民惠民服务

建设银行着眼于农村民生服务痛点，不断丰富便民缴费、社保医疗、乡村治理、健康乡村等重点领域金融服务。在社保医疗领域，建设银行与金保信社保卡科技有限公司合作，在“裕农通”智慧助农终端上线全国电子社保卡签发及应用场景建设，成为首家在农村普惠金融服务点提供人社服务的银行。农村客户可在布放了“裕农通”智慧助农终端的服务点，办理电子社保卡领取、社保待遇资格认证、养老金测算、失业登记、失业保险待遇申领、社保转移网上申请等众多社保类相关服务，便捷体验“足不出村”的人社服务。在聚焦乡村治理领域，建设银行提供智慧政务、社保生存认证等服务，关注老年人等特殊客户群体，提供亲情缴费及取款等服务，助力推进农村公共服务便利化，如与中国残联在重庆

地区开展试点合作，创新残疾证线上申领服务，将原本耗时1个月到3个月不等的残疾证年审压缩至10天，服务惠及近1万名残疾人。

（五）发挥金融科技优势，搭建智能管理及风控系统

为了使“裕农通”用得好、管得好，建设银行创新搭建“裕农通”管理驾驶舱，通过可视化的展示模式，实时动态全面向外部客户、政府展示服务“三农”成果，帮助行内管理人员及时掌握“裕农通”服务点经营状况，服务管理人员进行决策，进一步提升精细化管理水平，促进“裕农通”业务高质量可持续发展。此外，建设银行搭建了数字化、智能化、可视化的有效风控体系。深化推进“裕农通”服务点线下网格化、线上智能化的风控能力建设，实现一体化风险预监控管理。

（六）围绕农户痛点，创新推出“裕农快贷”系列产品

一是聚焦农村客户融资痛点，利用大数据+互联网技术，发挥建设银行金融科技优势，推出“裕农快贷”系列产品，包含信用版、抵押版、担保版及产业链版，为农村客户打造“申请容易、使用便宜”的信贷产品体系，通过线上化、数据化、差异化、智能化的惠农产品，满足农民朋友的资金需求。二是丰富线上数据维度，探索与政府平台、涉农平台广泛进行系统直连，引入政府、土地流转平台、财政补贴、农产品交易平台、核心企业等涉农数据，业内首创“农业保险+信贷”支农模式，引入农业保险数据为客户增信，同时探索结合“农业农村部信贷直通车”的新型农业经营主体信息，引入卫星遥感技术。三是依托线上线下体系建设推出农村客户信息建档功能，通过金融科技开展数据应用分析，深入挖掘农村客户信用发现手段，构建农业农村大数据体系，搭建乡村信用信息平台，为农村客户提供信用采集、申请、审核、放款、还款的一站式贷款服务。自2020年6月上线以来，经过两年多时间，产品从无到有，余额已达到1018亿元，历史性突破千亿元大关。仅年前九个月新增贷款就超过600亿元，较年初余额翻番，实现跨越式增长，带动全行农户生产经营贷款新增近千亿元。建设银行已成为继农业银行之后，第二家主力支持农户生产经营、贷款规模达到千亿元级水平的国有商业银行。

（七）试水农村电商服务，创新推出“裕农优品”服务

建设银行依托“裕农通”服务点，着眼于打造数字化农业产供销一体化生态场景，创新推出“裕农优品”乡村电商服务，搭建总分行多部门协同、线上线下联动的一体化运营体系，推进农村电商服务，深入农业产业链，帮助 892 家涉农企业入驻“裕农优品”专区，开展主题营销活动，促进农产品销售、拉动农村消费。建设国家地理标志产品展厅，推出大连大樱桃馆、湖南粮食集团展厅，聚合“裕农快贷”、农资农机下乡、特色农产品展销、供销撮合等产品和服务，为农产品种植、收储和销售提供一体化“金融 + 电商”服务。

（八）建设裕农学堂，打造扶农扶智知识窗口

依托“裕农通”服务点，建设银行聚合内外优质教育资源，建设裕农学堂 2035 家，充分发挥村委会、业主、返乡创业青年作用，将服务点建设成为建设银行传递党的声音、解读国家政策、宣传金融业务的宣传阵地、资讯中心、服务窗口，推出五大类 132 项技能培训课程，举办裕农小顺、退役军人、第一书记、大学生村官四大类专题培训，线上线下结合激发农民内向造血动力，普及金融知识，加大扶农扶智力度。

三、继往开来，提升“裕农通”服务制度价值

未来，“裕农通”要真正融入农村，建设银行要成为一家真正意义上服务乡村振兴的国有大行。要全面融入农村，从试验田到普产田，体系化推广先进分行经验，同时实施区域差异化发展策略，打造差异化竞争优势；进一步发挥“裕农通”在连接市场、连接百姓、联系政府方面的独特优势。在现有功能基础上，进一步瞄准乡村痛点，坚持共享思维，完善功能拓展：一方面，以金融服务改善农村支付结算环境，以生活服务连接公共事业单位，以村务政务承载乡村治理，以社保医疗助力健康乡村，以延伸产业链条服务农业生产；另一方面，真正把“裕农通”的功能与农村生产、生活、生态场景紧密结合，成为“农村新农具、农民朋友圈”。

（一）提档升级，服务模式更聚焦

为进一步提高服务效能，建设银行将持续优化“裕农通”服务点结构，更有针对性地聚焦服务模式。一方面，将持续加大“裕农通 + 村委”模式服务点拓展力度，积极对接商超类、供销社等综合质效高，且有较强公信力、影响力的合作方，持续拓展高质效合作方服务点，从而为农户客户提供更优质、更稳定的服务。另一方面，针对不同类型服务点，差异化升级“裕农通”智慧助农终端、智能 POS 等机具，打造“裕农通 +”政务村委、电子商务等典型样板。

（二）内联外合，民生场景更丰富

建设“裕农通”民生场景是建设银行服务重点下沉的重要举措，下一步将通过内联外合，为农村客户提供更丰富便捷的服务。一方面，建设银行将发挥金融科技优势，将行内民生场景进一步与“裕农通”融合对接。另一方面，建设银行将持续发力社保核心场景，紧抓社保缴费、社保生存认证及电子社保卡签发等关键环节，做实民生服务场景建设，加大“裕农通”生态场景拓展力度。

（三）多维服务，线上线下更融合

线上方面，基于政务村务、便民事务、电子商务、金融服务建设的“裕农通”App，内嵌农业生态场景十分丰富，同时满足了农村用户金融场景、农业生产经营场景、日常生活场景、政务服务下沉场景需求，将成为建设银行县域场景化获客的重要渠道、农户贷款的主入口。线下方面，以“裕农通”服务点为经营阵地，以业主为核心群体，进一步发挥与村委、退役军人服务站等合作方的联合作用，持续打造高质效服务点。未来将着力完善线上线下相协同的服务机制，聚焦线上线下客户体系、交易体系、运营管理体系、智能设备体系、激励体系五个方面的融合，探索服务乡村振兴的新路径。

（四）加强服务，业主作用更突出

“裕农通”服务点业主是建设银行的“战略合作伙伴”，在“裕农通”服务中发挥着重要的作用，建设银行将依托“裕农通”，进一步发挥业主主观能动性，丰富业绩计量方式，持续开展业主维护工作，使其成为与“裕农通”共同成长的志同道合者，把业主培养成建设银行在乡村的宣传员、农民朋友获取建设银行服务的贴心人。

下一步，建设银行将加大连接，扩大共享，通过“裕农通”线上综合服务平台，将全国48万个“裕农通”服务点连接起来，将“智慧村务、电子商务、便民服务、金融服务”送到田间地头，把建设银行的金融服务窗口搬到村口，打造金融服务普及各村的“村链”工程。未来，建设银行乡村振兴金融业务将全面贯彻党的二十大精神，充分发挥建设银行理念优势、科技优势、产品优势，着力打造“1211”乡村振兴综合服务体系，包括一个“裕农通”乡村振兴综合服务平台、线上线下两大涉农信贷产品包、一系列涉农专业化生态场景、一套涉农金融数字化风控体系在内的乡村振兴综合服务体系，进一步下沉服务重心，提升服务能力，深化新金融实践，以乡村振兴金融服务“国之大者”，拓展业务蓝海，助力中国经济高质量发展。

农村支付助力乡村振兴战略的思考

——以江西省为例

文/中国人民银行南昌中心支行支付结算处课题组

摘要： 高质量的农村支付服务是保障乡村振兴战略实施的重要基础。本文以江西省为例，分析了农村支付十年的发展情况，总结了农村支付助力乡村振兴的实践及成效，同时以需求侧和供给侧为视角，通过调查问卷分析农村支付服务发展中存在的问题，运用 SPSS 实证分析方法探究农村支付服务环境建设助力乡村振兴的影响因素，对未来的农村支付发展提出相关的政策建议。

关键词： 农村支付　乡村振兴　实证分析

一、江西省农村支付十年发展分析

（一）农村支付基础服务设施建设日趋完善

一是支付服务渠道全畅通。截至 2021 年底，江西农村地区共有 21 家商业银行提供支付结算服务，设立银行网点 2533 个，农村居民每万人拥有银行网点数由 2012 年底的 1.26 个增长到 2021 年底的 1.45 个，接入支付清算网络体系的网点覆盖率达 100%，提升了农村资金支付结算效率。二是助农取款服务点广设立。截至 2021 年底，具有开展助农取款业务资质的商业银行共 8 家，现有的助农取款服务点共 3.32 万个，较 2012 年增长 5.9 倍，平均每个行政村设有 2 个助农取款服务点，实现了行政村全覆盖的目标。三是银行卡受理终端数量保持增长。截至 2021 年底，江西农村地区累计布设 ATM 6945 台、POS 机具 11.47 万台，每万人对应的 ATM、POS 机具数量较 2012 年底分别增长 2.09 台、51.98 台，乡镇覆盖率均达到 100%。

（二）非现金支付方式广泛应用

一是银行卡持有量大幅增长。截至 2021 年底，江西农村居民银行卡持有量达 19348.91 万张，较 2012 年底增长 6.9 倍，农村地区人均持卡量由 2012 年底的 1.04 张增长到 2021 年底的 3.19 张，其中 5 家银行机构累计发行乡村振兴卡 68.7 万张。二是移动支付便民工程向县域下沉建设。截至 2021 年底，江西农村地区移动支付笔数 35.10 亿笔，较 2012 年底增长 12.76 倍；全省 81 个县域公交已全部支持银联移动支付产品受理，完成了 41 个“引领县”的重点打造，以引领县先行先试带动全辖县域移动支付水平提高。

二、江西省农村支付助力乡村振兴的实践及成效

为充分发挥支付服务助力乡村振兴战略实施的重要作用，人民银行南昌中心支行于 2022 年 4 月印发《关于支付服务便民工作助力乡村振兴的意见》，持续促进农村支付服务改革升级，不断建设移动支付便民利民的服务场景，改善优化农村支付环境，有效提升支付便民服务助力乡村振兴的能力和水平。

（一）完善支付服务供给，深化农村支付环境建设

一是全面推进全省县域移动支付建设工作。积极探索“移动支付 +”模式，与农民生产生活、美丽乡村建设等创新结合，打造特色场景，推动移动支付支农、惠农、富农、兴农。截至 2022 年 12 月底，全省已有 78 个县（区）建成移动支付示范商圈 87 个，78 个县（区）建成示范菜场 96 个，78 个县（区）完成示范景区、示范校园、乡村旅游示范店等特色场景建设。二是促进助农取款服务提质增效。指导银行机构查找助农取款服务点低效使用的症结所在，加强实地走访调研，从健全管理机制、优化布局、丰富服务功能等方面精准施策，不断激活助农取款服务点效能，让农村居民享受到家门口的便捷支付服务。截至 2022 年 12 月底，2.1 万个助农取款服务点已上线社保金融服务功能；赣州、吉安地区建成包括“党建 +”“电商 +”“红色旅游 +”等标准型及简易型的普惠金融服务站 2218 个；指导九江银行试点运行“311”模式以及“1 + 1 + N”的站点布局，引入和搭建线上线下惠农利农服务场景，增强助农取款服务点的综合服务功效。三是扩大乡村振兴主题卡发行规模。鼓励银行机构积极发行乡村振兴主题卡，设计特色权益，开展专项营销，发挥乡村振兴主题卡对农业生产和农村生活的支持

作用。截至 2022 年 12 月底，江西省内有 14 家银行机构累计发行乡村振兴主题卡 149.17 万张，较 2021 年底增长 117.13%。

（二）聚焦受理环境，提升受理体验与商户活跃度

组织辖内银行机构全面深化银行业移动支付受理环境建设，提升县域及农村地区重点场景商户的受理体验，持续做好小微商户的聚合码推广，实现重点区域的小微商户全面覆盖银联二维码，不断扩大县域及农村地区银联移动支付的受理范围和交易量；积极响应国家“降费增效”的要求，全面落地银联“红火计划”政策，切实降低商户成本，做好实体商户服务工作。2022 年，江西省县域月均银联移动支付活动用户数 39.55 万户，银联移动支付交易笔数 929.17 万笔，月均银联移动支付活动商户 8.70 万户。

（三）刺激消费复苏，数字化提振农村经济增长

一是全省银行业开展联合营销。指导中国银联江西分公司联合各银行机构共同筹集营销资金，将不少于 30% 的联合营销资金投入县域及农村地区；按照江西省政府有关促进消费增长等文件精神，支持支付服务主体加强与各地商务、文旅等政府主管部门及商业协会的沟通合作，聚焦重点场景，开展多种形式的支付“助商惠民”促消费活动，助力江西数字经济发展，共同促进县域及农村地区消费恢复及增长。2022 年，银联及银行机构累计投入 844.78 万元营销资金至全省县域及农村地区，刺激消费 107.79 万笔，拉动消费 2.84 亿元。二是依托云闪付 App 助力数字化营销。指导中国银联江西分公司搭建云闪付商城及数字化营销平台，配套建设“消费扶贫 爱心助农”江西特产馆，开放赣南脐橙等江西特色扶贫产品的线上销售窗口；建设云闪付“惠聚赣鄱”专属频道——夜江西，协助景区、特色餐饮企业发放各类优惠券，免费为文旅企业引流。通过不断完善云闪付 App 建设，助力县域及农村地区积极推广各地特色农产品、旅游、家具、美食等产品和服务，拉动农村地区经济增长，真正实现农村支付助力乡村振兴。

三、农村支付助力乡村振兴的影响因素分析

（一）需求端问卷分析

1. 数据来源。本部分选择江西省 73 个县区作为调研地点，调研对象为农村地区常住居民，收回有效调研问卷共 6385 份，有效率为 94.85%。主要运用

SPSS 描述性分析方式从农村居民需求端发现农村地区支付服务环境建设中存在的问题。

2. 描述性统计及问题分析。

（1）接入层面，支付习惯有望通过政府部门介入改善。调查显示，超七成的调查对象享受过财政补贴，其中 86.4% 的调查对象希望财政补贴资金发放至银行账户。目前由于缺少针对农村支付环境建设的激励补偿政策，以行政干预为农村支付服务市场注入活力的行为可持续性不强，银行机构内生动力不足，助农取款点的转账汇款业务萎缩，开办助农取款业务的收单机构数量急剧减少。

（2）使用层面，支付服务需求与供给不匹配。调查显示，希望周边增加银行网点的占比为 37.6%，增加助农取款服务点的占比为 55.1%。为满足农村居民日益增长的多元化支付需求，支付服务供给亟须作出相应适配，然而，在乡镇经营的银行机构较少，且网点大部分终端设备老旧，系统功能落后，支付产品创新升级能力较低，难以高质量满足农村支付多元化服务需求。

（3）认知层面，农村居民支付认知相对匮乏。调查显示，选择使用现金进行支付的占调查总数的 60.7%，能够掌握和熟练使用非现金支付工具的仅占 5.4%。现金结算方式仍然被作为首选，农村居民使用非现金支付方式意愿有待增强，大多数农村居民对非现金支付工具、支付方式的认知较低，在一定程度上制约了非现金支付的推广和发展。

（二）供给侧实证分析

1. 基本原理。本部分以江西省 73 个县区 2012—2021 年农村地区支付服务环境建设相关数据为依据，主要运用 SPSS 因子分析和回归分析方式探究农村支付服务环境建设对支持乡村振兴的影响因素。为将调研数据更好地分类，避免自变量之间的多重共线性，首先对统计数据进行因子分析。再运用 SPSS 将因子分析结果中的数个因子采用逐步筛选法作回归分析进行显著性研究。

2. 计算步骤。

（1）确定累计方差贡献率。第一个因子的累计方差贡献率定义为 $a_1 = S_1^2/p = \lambda_1/\sum_{i=1}^{p}\lambda_1$，第一个因子的方差贡献率是它的方差贡献除以总方差，于是前 k 个因子的累计方差贡献率定义为 $a_k = \sum_{i=1}^{k}S_i^2/p = \sum_{i=1}^{k}\lambda_i/\sum_{i=1}^{p}\lambda_i$。通常取累计方差贡献率大于 0.85 的特征根个数为因子个数 k。

（2）计算因子得分。第 j 个因子在第 i 个样本上的值可表示为 $F_{ji} = \varpi_{j1}x_{1i} + \varpi_{j2}x_{2i} + \cdots + \varpi_{jp}x_{pi}$，其中 x_{pi} 是第 p 个原有变量在第 i 个样本上的取值，ϖ_{jp} 是第 j 个因子和第 p 个原有变量间的因子值系数。于是有因子得分函数 $F_j = \varpi_{j1}x_1 + \varpi_{j2}x_2 + \cdots + \varpi_{jp}x_p$。对因子值系数通常采用回归法进行估计。

（3）进行回归分析。包含 n 个自变量的线性回归模型可以表述为 $\ln(Y) = \beta_0 + \beta_1X_1 + \beta_2X_2 + \cdots + \beta_nX_n$。其中，$Y$ 为因变量乡村振兴指标，即农村居民人均可支配收入；P 表示出现某种结果的概率；β_n 为 X_n 的回归系数；X_n 表示不同的自变量。

3. 因子分析。

（1）农村支付服务环境建设指标的选取。通过参考国内外文献中选取的指标和依据 SMART 原则，即获得性、可靠性、可测性、简单性和时效性，选取 19 个影响因子作为研究江西省农村支付服务环境建设支持乡村振兴的指标，如表 1 所示。

表 1　　农村支付服务环境建设指标选取明细表

序号	指标
1	金融服务村级行政区覆盖率
2	每万人拥有的银行网点数
3	特约商户数
4	每万人拥有的 POS 机具数
5	每万人拥有的 ATM 机具数
6	每万人拥有的助农取款点数
7	人均助农取款服务笔数
8	银行卡人均持卡量
9	借记卡人均持卡量
10	信用卡人均持卡量
11	银行卡人均交易笔数
12	个人银行结算账户人均拥有量
13	开立单位银行结算账户的企业法人数量
14	企业法人单位银行结算账户平均拥有量
15	人均移动支付笔数
16	人均网上支付笔数
17	行内系统接入率
18	农信银资金清算系统接入率
19	大小额支付系统接入网点数

（2）信度与效度检验。本文测量信度的方式是克隆巴赫系数，从检验结果来看，克隆巴赫信度系数为0.907。在效度检验方面，巴特利特球度检验统计量为1926.623，相应的概率 p 值接近0，同时 KMO 值为0.814，可知拟合效果比较理想，效度检验结果如表2所示。

表2　　KMO 和 Bartlett 的检验

KMO 取样适切性量数		0.814
巴特利特球形度检验	近似卡方	1926.623
	自由度	85
	显著性	0.000

（3）因子的抽取与公共因子的命名。结果表明，此次因子分析的累计方差贡献率为91.953%，由于在初始解中提取了19个因子，说明原有变量的总方差均被解释掉。在抽取后进行因子旋转，旋转后的因子矩阵如表3所示，因子一主要解释表1中序号1－7的指标，将其命名为支付服务点因子；因子二主要解释表1中序号8－16的指标，将其命名为银行账户使用因子；因子三主要解释表1中序号17－19的指标，将其命名为支付系统因子。

表3　　旋转成分矩阵

指标	成分		
	1	2	3
金融服务村级行政区覆盖率	0.912	－0.03	0.046
每万人拥有的 POS 机具数	0.875	－0.074	0.103
每万人拥有的助农取款点数	0.829	0.152	－0.019
人均助农取款服务笔数	0.791	0.171	0.088
特约商户数	0.771	0.148	－0.030
每万人拥有的 ATM 机具数	0.627	0.034	0.818
每万人拥有的银行网点数	0.609	0.066	0.756
信用卡人均持卡量	－0.042	0.876	0.662
银行卡人均交易笔数	0.212	0.848	0.818
开立单位银行结算账户的企业法人数量	0.254	0.826	0.767
企业法人单位银行结算账户平均拥有量	0.017	0.798	0.752
个人银行结算账户人均拥有量	－0.073	0.786	0.648
人均移动支付笔数	－0.271	0.762	0.034

续表

指标	成分		
	1	2	3
银行卡人均持卡量	0.218	0.665	0.135
借记卡人均持卡量	-0.03	0.634	0.062
人均网上支付笔数	-0.074	0.542	0.084
行内系统接入率	0.152	-0.004	0.863
农信银资金清算系统接入率	-0.132	0.022	0.796
大小额支付系统接入网点数	0.064	0.120	0.721

注：提取方法：主成分分析法；旋转法；具有 Kaiser 标准化的正交旋转法。

4. 回归分析。运用 SPSS24.0 软件将因子分析结果中的三项因子作回归分析进行显著性研究，其中常量是因变量乡村振兴指标，即农村居民人均可支配收入。表 4 显示了三项因子线性回归后的结果逐一增加自变量的同时，sig 值都控制在 0.05 以内，可见最后一项模型是回归状态最优的。此时，因子一、因子二的 sig 值分别近似为 0.000、0.004，则认为上述两项因子与因变量乡村振兴指标具有显著线性回归关系。农村支付服务环境建设指标对乡村振兴影响因子回归方程为 $\ln Y = 9.750 + 0.421F_1 + 0.177F_2$。

表 4　　逐步回归的结果

模型		未标准化系数		标准化系数	t	显著性
		B	标准误差	Beta		
1	（常量）	7.783	0.208	—	5.241	0.000
	因子一	0.531	0.626	0.526	7.411	0.000
	因子二	0.269	0.377	0.263	8.295	0.027
	因子三	-0.206	0.503	-0.201	-6.385	0.134
2	（常量）	9.750	0.022	—	1.781	0.000
	因子一	0.421	0.021	0.278	17.401	0.000
	因子二	0.177	0.021	0.979	13.475	0.004

注：常量：农村居民人均可支配收入。

5. 结果与讨论。通过因子分析可以发现，农村地区支付服务环境建设指标对乡村振兴的影响因素主要为支付服务点因子、银行账户使用因子和支付系统因子三个方面。通过回归分析可以发现，因子一和因子二这两项因子对支持乡村振兴存在显著的线性回归关系，其中因子一支付服务点因子的系数是 0.421，因子二银行账户使用因子的系数是0.177，可见支付服务点和银行账户使用对支持乡村振兴具有显著的正向线性回归影响，如何分别在接入层面、使用层面和认知层面完善支付服务点、增加银行账户使用效率成为亟待解决的问题。

四、政策建议

（一）加强政策支持，化解支付服务接入鸿沟

一是完善支付服务政策保障。积极协调地方政府、财政部门出台支持农村支付服务发展的相关政策，强化正向激励功能，适度向乡村振兴重点帮扶县倾斜，加大对县域法人银行机构支持力度。二是完善支付服务内控制度。督促银行机构加强对助农金融服务点的全流程管理，建立相关制度规范，防范化解操作风险、道德风险。三是拓宽支付政策覆盖广度。保障各项乡村振兴政策在农村地区的贯彻落实，持续推进普惠金融改革试验区建设，协同促进辖内移动支付便民服务工作，努力提升普惠金融服务水平。

（二）加大资源投入，弥合支付服务使用鸿沟

一是锚定农村支付服务需求。指导相关银行机构探索“助农＋”模式的建设，丰富支付服务功能，切实提升各支付服务站点运营效率，增强综合化服务能力，保证农村居民获得高效、便捷、优质的支付服务。二是配套推出权益服务。指导银行机构深度结合乡村振兴支付需求，为农村居民提供有特色、有优势的权益服务，深入推进服务渠道体系构建，不断满足农村居民多元化的支付需求。三是稳步推进农村支付高质量建设。完善县域及农村地区联合共建生态体系，深化县域移动支付建设，提升农村地区支付服务水平，助力乡村振兴良性发展。

（三）转变支付理念，消除支付服务认知鸿沟

一是加大支付服务宣传力度。充分发挥政府宣传的公信力优势，组织村委会干部普及支付结算有关知识；积极引导各支付服务主体依托助农取款点广泛开展金融安全知识宣传，帮助农村居民了解支付产品和服务，提高风险防范意识和能力，让广大农村居民敢用、放心用非现金支付方式。二是优化支付服务宣教质量。引导支付服务主体创新宣传方式，注重宣传针对性，提高宣传实效；多维度细分客户群体，制订不同的宣教方案，全面提升广大村民群体对农村支付体系建设的认知度，筑牢农村支付体系建设社会根基，持续助力乡村振兴。

参考文献

[1] 李大龙. Matlab 视角下的金融支持乡村振兴的影响因素研究——以山东省滨州市为例 [J]. 北方金融，2019 (12)：80 - 86.

[2] 王作功，杨茂巧，何赛. 银行业金融机构普惠金融评价指标体系研究 [J]. 金融理论与实践，2018 (11)：19 - 24.

[3] 张乔. 区域普惠金融发展水平测算研究——基于忻州市的实证分析 [J]. 华北金融，2020 (10)：77 - 82.

[4] MICHAEL DANQUAH , ABDUL MALIK IDDRISU , PETER QUARTEY , WILLIAMS OHEMENG , ALFRED BARIMAH. Rural Financial Intermediation and Poverty Reduction in Ghana：A Micro - Level Analysis [J]. Poverty & Public Policy. 2021 (13)：316 - 334.

支付体系赋能数字乡村建设路径探析

——基于对甘肃省三市的调查分析

文/张海应　黄　辉　吴　淼　张军辉*

摘要：本文总结了数字乡村建设的基本内涵和要求，并基于对甘肃省庆阳市、天水市、金昌市三市支付服务体系赋能数字乡村建设的调查分析，梳理了当前甘肃省数字乡村建设与农村支付体系发展现状，进而对数字乡村建设对支付体系的需求进行了分析，并指出了当前农村支付服务体系发展存在的四方面问题，有针对性地提出了完善支付体系配套政策、强化支付基础设施、深化支付场景、优化农村支付服务市场参与格局等政策建议。

关键词：支付体系　数字乡村　农村支付

数字乡村是推进乡村振兴的重要基石，也是数字经济时代乡村振兴的内在要求。2018 年中央“一号文件”首次提出“数字乡村”战略，随后，中央“一号文件”连续五年聚焦数字乡村建设主题。2019 年，中共中央办公厅、国务院办公厅联合印发了《数字乡村发展战略纲要》；2022 年以来，国家层面推动数字乡村建设的力度进一步加大，中央“一号文件”明确提出要“加强农村信息基础设施建设”“大力推进数字乡村建设”；中央网信办、农业农村部、人民银行等五部门联合印发《2022 年数字乡村发展工作要点》，从 10 个方面为新时期推进数字乡村建设部署了 30 项重点任务，其中明确要求要“持续推进农村支付服务环境建设，推广农村金融机构央行账户业务线上办理渠道及资金归集服务，推进移动支付便民服务向县域农村地区下沉”，为支付服务体系助力数字乡村建设提供了清晰的路径遵循。

---

* 作者单位：中国人民银行庆阳市中心支行。

一、数字乡村建设的内涵和要求

按照《数字乡村发展战略纲要》部署，数字乡村建设的主要目标是以农村信息基础设施建设为支点，以乡村产业数字化升级为引领，促进传统基础设施与数据元素的多元融合，进而加快推进乡村管理数字化转型。从整体看，目前数字乡村建设主要包含四个方面的内容。一是乡村数字基础设施建设，这是数字乡村建设的前提和基础，主要包括乡村数字网络设施建设（如农村宽带通信网、移动互联网、数字电视网和下一代互联网）、信息终端和服务供给（如各类“三农”信息终端、移动 App 等）以及乡村基础设施数字化转型（如智慧灌溉、智慧物流等）。二是智慧农业建设，这是农业升级发展的重要路径，可帮助缓解劳动力、土地、灌溉等资源供给问题，助力农业提质增效，是数字乡村建设的重点领域。三是乡村公共服务数字化建设，比如实现农村金融、教育、医疗等公共服务的数字化，能为农民提供更多优质信息服务，助力农民共享改革红利。四是数字化应用场景的开拓，比如对于循环经济、新能源生产利用等领域的数字化应用场景的开拓，目的主要是利用信息化、数字化弥补乡村在对外信息联通方面的不足。

数字乡村建设，需要建立在技术、数据、产业、场景的深度融合之上，不是简单地将技术运用于农业生产生活，而是以数字技术为手段，推动生产生活方式发生转变，进而促成农业农村转型升级，为现代化农业农村发展提供新的力量支撑。

二、数字乡村建设与农村支付体系发展状况

（一）甘肃省数字乡村发展现状

从调研情况看，目前甘肃省数字乡村建设呈现“态势良好、数字基础设施建设水平较高、横向差异较大、整体加速追赶”的特点。2022 年 5 月 30 日，北京大学新农村发展研究院联合阿里研究院发布的《县域数字乡村指数报告》显示，在 2020 年县域数字乡村指数增长最快的 100 个县中，有 91 个来自西部地区，其中，甘肃跻身数字乡村发展最快的五个省份之一，以增速 9% 排名全国第四。

政策出台方面。省级层面，2021 年 9 月，甘肃省出台《甘肃省“十四五”

数字经济创新发展规划》，从总体上对全省“十四五”数字经济发展进行了规划布局，提出要实施数字乡村建设，以政务服务、医疗、教育、现代农业、物流等领域为重点，推动数字技术与农业农村经济社会深度融合，实现农业生产智能化、经营网络化、管理高效化。市级层面，以庆阳市为例，2022 年初市政府颁布了《庆阳市“十四五”数字经济引领创新发展规划》，在有效对接“东数西算”国家大数据产业发展的基础上，对全省今后一个阶段的数字经济发展进行了全局部署，并提出了包括加快数字乡村建设在内的 23 个方面的工作目标。

具体实践方面，甘肃省数字乡村建设尚处于初始发展阶段，各地区主要通过“县域主导、示范带动”的方式推动数字乡村建设。2021 年 3 月，全省首个数字乡村示范项目在泾川县太平镇建成落地，实现了基于大数据平台的巩固拓展脱贫攻坚成果、推动乡村振兴可视化应用和智慧化管理的多目标结合；2021 年 9 月，天水市甘谷县磐安镇建成“数字乡村”云平台，将“智慧农业”“社会管理”“智慧生态”和“智慧物流”等集成发展，实现了“一屏观全镇、一网管全镇”；2022 年 6 月，庆阳市西峰区将董志镇打造为数字乡村试点乡镇，以国家“东数西算”试点项目落户庆阳为契机，积极探索“互联网 +”治理模式，将智慧党建、应急指挥、便民服务等作为发力点，建成数字乡村综合信息服务平台，搭起“八大平台”，提升了乡村治理信息化、数字化、智能化和精细化水平。

（二）甘肃省农村支付服务体系发展现状

从支付服务提供主体看，目前甘肃省农村支付服务供给主要以银行机构为主、非银行支付机构（以下简称支付机构）为辅。

从各类移动支付工具的推广看，目前全省农村地区移动支付工具主要有云闪付 App、各家银行手机银行以及微信支付、支付宝等第三方支付工具。截至 2022 年底，被调研的三个地市农村地区有云闪付 App 用户 134 万户，各银行手机银行用户 547 万户，网上银行用户 295 万户，微信银行及直销银行等其他用户 141 万户，农村地区各类移动支付工具整体渗透率超过 84%。

从基础支付服务环境建设看，全省“网点 + 服务点 + 移动支付”的支付服务格局基本形成，农村地区支付领域“数字鸿沟”问题得到有效改善。截至 2022 年底，被调研的三个地市 4142 个行政村基本实现助农取款服务全覆盖，各银行累计发放各类乡村振兴卡、农民工特色银行卡超 300 万张。各涉农银行机构创新开展农村支付服务，推动农村居民支付服务不断提档升级。比如，建设银行在未设立金融网点的县域乡镇农村地区建设了“裕农通”普惠金融服务点，不仅可方便快捷地为村民办理转账、民生缴费、社保问询、AI 医疗等业务，还可及时传递乡村振兴各项政策；工商银行依托“兴农通”App 为乡村居民、回乡养老人员等提供办卡、查询、缴费、数字人民币、学农技、地方特色场景等民生服务。

从支付场景建设看，全省目前已经基本构建起涵盖农民“衣食住行游”生活场景多层次支付服务体系，并且呈现逐步向农业生产、农村生态等领域延伸的趋势。各银行机构以支付服务为切入点，在农村电商和农产品销售、公共事业缴费、农业补贴资金发放、农村商业物流体系建设、农村综合金融服务延伸等方面积极探索，取得了较好成效。比如，农业银行依托掌上银行系统的“兴农商城”，通过平台服务为各级入驻商户提供公益、开放、全流程、可定制、综合化的电子商务及商城金融服务；建设银行打造“乡村善融”平台，对全省乡村振兴重点帮扶县、定点帮扶村对接农产品产销服务，联合各地商务局、本地农业龙头企业开展面向全国客户的线上专场促销或团购活动；邮储银行统筹推广云闪付、手机号码支付、手机银行等支付工具，提升乡村地区商户聚合支付、烟草商户金融业务综合服务；甘肃银行打造了“陇银商场”，通过打造农产品销售专场、开展预售活动，推动各地特色农产品“上网”，高效帮助农户解决农产品销售信息不对称的问题，促进涉农产品线上交易规模持续扩大；兰州银行大力推广手机银行、网上银行、直销银行，加快智能 POS、百合收银通等在乡村地区的布放，探索“互联网 + 银行 + 乡村振兴 + 扶贫”模式，利用“百合生活网”电商平台，拓宽农产品、特色手工艺品的销售渠道；天水秦州长银村镇银行、瑞信村镇银行加快推进快递进村业务，目前已与圆通快递公司签订了银企合作协议，为农村居民搭建了快递寄发、线上支付的一体化服务平台，农村居民足不出户即可享受快递服务。

三、数字乡村建设对支付体系的需求分析

（一）现代支付体系是数字乡村建设的重要基石

从数字乡村的建设目标看，培育乡村数字经济新业态是数字乡村的重要方面之一，《数字乡村发展战略纲要》提出的发展农村电商、乡村文旅、农村数字金

融等工作，均离不开现代化支付服务体系的支撑。具体来看，就是以农村基础金融服务建设为着力点，通过不断优化农村支付服务体系，逐渐形成集线上线下支付于一体、智能机具与移动支付相结合的农村支付服务模式，统筹柜面、ATM、POS 机、手机银行、网上银行、自助终端等多渠道支付业务，一方面能够将支付服务纵向延伸至农村基层网点，另一方面通过大小额支付系统、农信银支付系统等方式将各金融基础设施连接起来，实现 7×24 小时不间断服务支持涉农龙头企业、农民专业合作社、家庭农场等农业主体，保障数字乡村建设。

（二）支付服务数字化直接提升乡村数字化水平

从农村地区支付服务体系本身看，近年来人民银行在全国农村地区着力开展了支付服务“三大工程”（农民工特色银行卡服务、助农取款服务、移动支付便民工程），将数字化的支付服务带到广大农村地区居民的生产生活中，直接提升了乡村数字化水平。一是借助丰富的支付业务场景，可以将数字金融服务融入百姓生活，比如通过网上银行、手机银行等电子渠道，将支付服务嵌入农村社保、教育、医疗、通信、旅游、娱乐等日常生活，有效解决农村支付“最后一公里”问题。二是“支付＋”模式有效提升乡村治理数字化水平，比如通过借助“云闪付”支付平台，将支付数据与权威数据源统一对接，引入公安、运营商、人社、司法涉诉等个人信息以及市场监管、税务等企业信息，逐渐拓展出多元化、多渠道的支付场景，金融机构可在此基础上提供更贴合农户需求的金融产品和服务，让农村支付服务更接地气、更贴近民心。

四、数字乡村建设背景下农村支付服务体系发展问题

（一）政策统筹较弱，各方工作合力有待加强

从全省甚至全国来看，有关数字乡村建设的政策文件多以“规划”“纲要”等为主，侧重于宏观谋划层面的政策较多，而着眼于包括支付服务在内的各项配套政策的微观层面政策文件相对较少，导致基层单位和主要实施部门“手足无措”、单打独斗，工作主观性较大，标准化程度不高，缺乏对有限资源力量的统筹整合，没有形成工作合力。

（二）乡村数字支付场景集中，市场同质化竞争严重

数字乡村建设目前尚处于政府主导的发展阶段，因此无论是银行还是支付机

构，均面临政策驱动和利益驱动的双重制约。基于政策要求和成本制约的综合考量，银行和支付机构均纷纷涌向政务缴费、民生缴费以及停车场、商场以及大型景区等风险较小、创新要求较低的传统领域，而农业产销、农村电商等新兴领域却无人问津，市场同质化竞争严重。同时，大银行纷纷通过费率优惠、赠送机具、联合营销、增值服务以及与服务商合作拓客等手段抢占支付市场，也在一定程度上扰乱了市场秩序。

（三）数字乡村背景下支付服务发展创新不足

尤其是大部分银行机构在技术、产品、服务等方面难以跟上支付市场加速迭代的需求，难以有效捕捉数字乡村建设的市场契机和业务切口，业务与技术、业务与业务、技术与技术间融合不深，比如对农业合作社这一新型农业经营主体的支付服务需求对接不足，大部分机构只满足于提供最基本的资金收付服务，未能充分挖掘支付数据背后的金融服务需求，缺乏“跳出支付看支付”的创新思维。

（四）农村地区支付服务主体仍较为单一

由于经济发展等历史客观原因，甘肃省支付服务市场供给主体主要以银行机构为主，支付机构总体上数量少、规模小、发展不足，在全省支付服务市场参与度不够，造成银行机构在事实上的“一家独大”，客观上抑制了农村支付市场的活跃度，不利于数字乡村建设新形势下支付市场的创新发展。

五、支付服务体系赋能数字乡村建设政策建议

（一）完善数字乡村背景下支付体系配套政策

支付体系在数字乡村尤其是现代农村商业金融体系中具有牵一发而动全身的基础支撑作用，因此当务之急一是尽快出台支付体系助力数字乡村建设的配套政策，明确各级政府、人民银行、支付服务市场主体及其他相关主体的主导责任、建设责任和配合责任，配套出台专项考核、评估和财政激励政策。二是加强部门统筹协调、增强工作合力，建议由地方政府牵头成立“数字乡村建设领导小组”，以前文提及的数字乡村建设四个方面的建设任务为统领，统筹整合现有支付服务资源，细化目标任务，在巩固现有数字支付服务体系的基础上，引导支付资源向数字乡村建设薄弱环节投入，在适应农村产业发展、人口变迁、文化建设的基础上，加大支付体系本地化、特色化建设，促进农村支付产业协调发展。

（二）强化支付基础设施建设，打牢数字乡村建设中的支付基础

现代经济社会发展离不开现代化的支付体系支撑。一是要继续大力推广中央银行现代化支付系统，加快向农信社、村镇银行等涉农金融机构推广中央银行账户业务线上办理渠道和资金归集服务，持续保障农信银资金清算服务安全稳定，为农村金融机构提供通畅的资金划转通道。二是积极推广非现金支付工具，优化银行承兑汇票审核流程，推进支票、商业汇票电子化进程，加快完善涉农企业单位结算卡、小微企业卡的线上支付功能，便捷企业对公结算。不断优化银行手机App、手机号码支付、云闪付App等各类“支付App+”服务体系，不断优化农村地区基础支付服务供给。

（三）提高农村支付场景建设针对性，找准数字乡村建设中支付服务发力点

支付体系助力数字乡村建设，关键在于找准支付服务场景。一是最大化发挥助农取款服务的基础保障作用，鼓励助农服务开办机构以服务点为阵地，以可持续发展为原则，稳妥推进服务点与农村电商、城乡社会保障、农村综合服务平台、邮政网点、供销点和小超市等有机融合。二是持续加大自助机具、POS机、便民点、惠民终端等电子机具的布放力度，充分发挥新一代背包银行便利优势，推动金融服务向基层延伸，探索“互联网+银行+乡村振兴+扶贫”模式，推动支付结算从服务农民生活向服务农业生产、农村生态有效延伸。三是多元拓展数字乡村中的支付阵地，智慧农业、智慧物流、智慧政务等数字乡村建设的新业态正逐步催生出一批新的支付需求，比如春耕备产的融资需求、夏秋收获的收款需求、农村快递的支付需求以及农村居民社保缴纳、奖补资金领取的资金收付需求等，都给支付服务创造了巨大的场景需求，各国有银行、城商行、村镇银行以及支付机构要主动求变，根据自身业务发展和市场优势，找准服务定位，在细分领域提升支付服务针对性。

（四）优化农村支付服务市场参与格局

要充分发挥银行机构和支付机构两个主动性。一是利用好银行机构熟悉农村市场、实力雄厚、风险防范能力强的特点，做大做强现有传统场景和优势领域，鼓励银行积极对接当地政府部门数字乡村建设项目需求，在诸如县域电商平台搭建、数字物流等重大支付服务领域提前布局，保障好群众的基础支付需求。二是发挥好支付机构市场灵敏度高、创新能力超前的优势，引导支付机构充分挖掘数字乡村建设中支付领域的蓝海市场，比如农产品产销平台建设、乡村文旅、小微商户聚合支付等。三是积极对接银联参与农村支付市场的建设，充分利用其技术实力雄厚、行业经验丰富等优势，共同促进农村支付服务体系繁荣发展。

参考文献

[1] 宋珏遐，冯薇．农信银 发挥数字金融优势 推动农村数字普惠提档升级[N]．金融时报，2022－05－26（010）．

[2] 施远涛．共同富裕视角下数字乡村建设的内在逻辑与实现路径——以浙江省实践为例［J］．山西农业大学学报（社会科学版），2022（5）：1－9.

[3] 刘坤．数字建设：给美丽乡村加朵“云”［N］．光明日报，2022－09－22（015）．

[4] 杨德林．乡村振兴战略背景下数字乡村建设发展的新机遇——以微信为例［J］．经营与管理，2021（9）：1－13.

金融基础设施

气候变化风险对支付基础设施的影响及应对

文/陈泰林*

摘要： 支付基础设施是支持货币政策实施、维护金融稳定的核心金融基础设施，对保障社会资金周转、畅通货币政策传导、密切联系各金融市场、维护金融稳定具有重要意义，而气候变化风险中物理风险和转型风险则对支付基础设施具有重要影响。本文通过识别气候变化风险、分析其影响机理，并基于金融基础设施原则探讨气候变化风险的传导机制，提出以下建议：一是构建气候风险识别和评估框架，通过压力测试识别和量化气候风险指标，进行审慎监管和金融规制。二是在可持续发展的结构性改革中，扩大气候金融的规模以尽可能降低气候变化对支付基础设施的影响。三是构建网络弹性管理防线，完善应急管理与危机处置，提升关键参与者气候风险管理意识和能力。四是将气候变化纳入机构治理和全面风险管理框架，不断健全支付基础设施业务连续性计划。

关键词： 气候变化　物理风险　转型风险

一、气候变化状况及其风险

（一）气候状况及其变化趋势

2015—2021 年是全球有记录以来最热的七年。人类活动造成气候变化，温室气体浓度、海平面高度、海洋热量、海洋酸化程度等关键气候指标均创新高，热浪、寒潮、洪灾等极端气候和复合事件频发，正在对可持续发展和生态系统产生

* 中国政法大学法学硕士，就职于中国人民银行重庆营业管理部，文章内容仅代表个人观点，与工作单位无关。

持久损害，气候系统突破临界点将会产生重大的全球和区域后果，造成严重经济损失。根据世界气象组织发布的《2021 年全球气候状况报告》，2021 年全球平均气温比 1850 年至 1900 年工业化前高 0. 98 至 1. 24 摄氏度，4 项关键气候指标创新高：

1. 温室气体浓度升高。2020 年，全球二氧化碳浓度达到 413. 2ppm，为工业化前水平的 149%，2021 年和 2022 年初二氧化碳浓度继续增加。从夏威夷的月平均二氧化碳含量来看，2020 年 4 月为 416. 45ppm，2021 年 4 月为 419. 05ppm，2022 年 4 月达 420. 23ppm。

2. 海平面上升。由于冰盖流失加速，2013—2021 年全球海平面平均每年上升 4. 5 毫米，是 1993—2002 年的两倍多，2021 年海平面高度创历史新高。这使得数亿沿海居民更容易受到热带气旋的影响。

3. 海洋热量创新高。过去 20 年，海洋变暖速率显著提升。2021 年，大部分海洋都经历了“强烈”的海洋热浪，海洋继续变暖并将持续这一态势。从百年到千年的时间尺度看，这种变化是不可逆转的。

4. 海洋酸化日益严重。每年人类活动向大气排放的二氧化碳中，约有 23% 被海洋吸收。吸收的二氧化碳会与海水发生反应并导致海洋酸化。目前，公海表面的 pH 值是 2. 6 万年以来的最低值（pH 值越低表明越偏酸性）。

（二）气候变化风险的识别

随着持续发展面临的风险不断增加，经济增长继续侵蚀自然资本，导致水资源短缺、洪水、更大的污染、气候变化和无法恢复的生物多样性损失，气候行动的重要性变得更加关键。根据毕马威发布的《全球经济展望：2021 年下半年报告》，如果没有切实和具体的政策应对措施，排放量将继续上升，到 21 世纪末，全球气温可能会再上升 2 至 5 摄氏度，给全世界造成更大的物质和经济损害。气候变化已经成为全人类面临的重要挑战，气候变化对支付基础设施的风险主要包括物理风险和转型风险，两者往往相互关联、相互影响。

2022 年 2 月 17 日，国际清算银行[①]（BIS）发布《应对气候风险的监管对策：一些挑战》，指出物理风险（实体风险）和转型风险（过渡风险）威胁着支付基础设施安全以及金融体系稳定，政策当局有必要审查其审慎框架，以充分考

① 国际清算银行是致力于国际货币政策和财政政策合作的国际组织，旨在促进各国中央银行之间的合作并为国际金融业务提供便利性，同时作为国际清算的受让人、代理人。

虑气候相关金融风险对金融稳定的影响。2022 年 10 月 13 日，二十国集团财长和央行行长会议一致通过《2022 年 G20 可持续金融报告》，呼吁各方加强落实《G20 可持续金融路线图》[①]，支持从数据、披露、评估等角度应对气候变化带来的金融风险，并欢迎 IMF 在支付领域建立新的全球公共基础设施，强调提高全球金融体系应对风险的能力，共同促进金融支持绿色低碳转型。

1. 物理风险。物理风险是指气候的长期逐渐变化（如降水量的变化、极端天气变化、海洋酸化和海平面上升）以及气候变化的间接影响（如荒漠化、缺水和土壤退化），导致气候系统中出现不可逆转的物理变化，达到所谓的临界点，引发自然灾害（如热浪、山崩、洪水和野火）的频繁出现可能会导致支付基础设施、建筑物和厂房设备受损，造成粮食产量和劳动生产率受到影响，户外和海上作业的企业可能遭受损失，从而引发特定企业和个人的信用风险变化，直接影响消费、投资和贸易。根据英国智库 Economist Intelligence Unit（EIU）、英格兰央行以及贝莱德（Black Rock）等机构的估算，在不同情景下，气候物理风险所导致的经济和金融损失可能高达数千亿美元、数万亿美元乃至数十万亿美元。

由于气候变化的高度不确定性和厚尾分布特性，用于风险管理目的的历史信息可用性不足，通过长期社会经济影响的极端天气和复合事件，物理风险可能会打乱支付基础设施的业务连续性计划，极大地改变支付基础设施运营中断的概率、强度、持续时间和范围，在短期或长期内增加支付基础设施运营费用，导致支付基础设施清算的资产估值出现大幅波动，对支付基础设施参与者的金融资产或非金融资产价值造成损害，从而削弱其财务状况及履行财务义务的能力。例如，2012 年，飓风“桑迪”袭击美国曼哈顿，导致 DTCC[②] 大楼遭受大规模洪水侵袭。为应对此次极端天气事件，DTCC 实施了业务连续性计划并维持了关键运营，在关键截止日期前完成了所有资金清算、结算和其他流程，然而该公司仍耗费了数月时间，以复原其被洪水淹没的已出地下保险库的 130 万张证券。为了对被毁坏或无法修复的证券发放替换证书，DTCC 的相关工作一直持续到 2014 年。

2. 转型风险。转型风险是指社会各界积极应对气候变化，通过减少温室气体排放来减缓气候变化的措施导致了转型风险驱动因素，包括公共政策、激素变

---

① 《G20 可持续金融路线图》，于 2021 年 10 月末在罗马举行的二十国集团领导人峰会上被批准，为全球和各国可持续金融的未来发展指出了重点方向，并为协调国际组织的相关举措提供了一个重要机制。

② 美国存管信托和结算公司（DTCC）是美国证券市场的中央证券存管和清算机构，提供中央证券存管（CSD）和中央对手方服务（CCP）。

化、投资者情绪、颠覆性商业模式创新等方面，对企业、个人等主体所造成的风险。政府政策、技术以及消费者和投资者行为变化的累积影响可能导致经济混乱，进而侵蚀银行风险敞口和潜在抵押品的价值。相较于发达国家，我国“富煤、缺油、少气”的资源禀赋使得经济发展具有高碳性，同时我国从碳达峰到碳中和的时间仅为30年，经济绿色低碳转型的进度在一定程度上导致我国支付基础设施面临的转型风险更为严重。

为应对气候变化，气候政策的变化（包括环境政策和技术的变化），尤其是突然和无序的变化，可能引起某些细分市场的需求减少，损害支付基础设施提供清结算服务的长期商业可行性。此类风险与清洁能源密集型或棕色资产[①]金融市场的对手方及关联交易所最为相关。为适应绿色经济和绿色金融体系过渡并履行承诺，支付基础设施可能面临声誉风险，造成支付基础设施清算或接受抵押品的市场流动性降低，使得支付基础设施的风险管理更具挑战性。中央银行与监管机构绿色金融网络[②]（Network for Greening the Financial System，NGFS）在2019年4月发布《气候变化对宏观经济和金融稳定性影响报告》，指出转型风险主要通过资产搁浅的方式引发市场风险和信用风险。例如，一国实施碳税或其他降碳措施会增加高碳行业的成本，导致一些企业经营困难，造成金融体系的不良资产和搁浅资产[③]，不仅损害金融体系的商业可行性，甚至带来声誉风险。

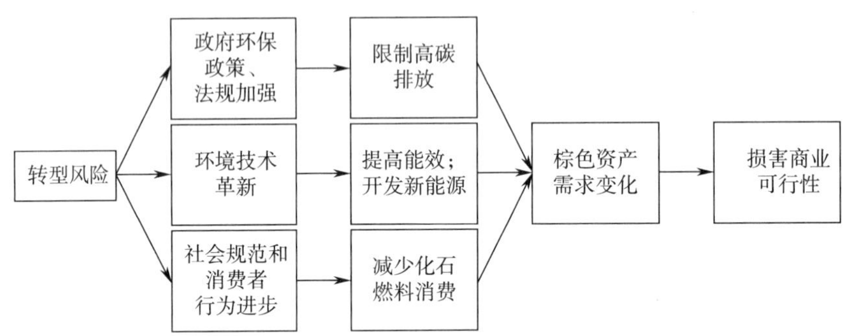

图1　转型风险对支付基础设施的传导路径

---

① 棕色资产主要包括高碳资产，如火电、钢铁、建材、有色金属、石化、造纸等行业。

② 该组织成立于2017年12月12日，旨在关注气候变化，帮助加强实现《巴黎协定》目标所需的全球对策，并增强金融系统在环境可持续发展的更广泛背景下管理风险和为绿色和低碳投资筹集资金的作用。

③ 搁浅资产，指与气候风险相关的人为因素（如政府环保政策和法规加强、环境技术革新、社会规范或消费者行为进步）导致的意外或过早减值、贬值或转换为负债的资产。

二、气候变化风险对支付基础设施的影响机理

（一）短期影响机理

1. 气候变化受多重不可抗力因素叠加，对运行管理直接施加更大压力。早在1997年3月，CPSS[①]发布的《实时全额结算系统》报告指出，支付系统需要特别防范因某一参与者出现信用风险或流动性风险，进而引发更为广泛的财务困境、影响支付系统甚至危及金融稳定的系统性金融风险。在全面风险管理框架下，气候变化所带来的多重不可抗力因素不可避免地会影响支付系统本身的部件、系统运行所依赖的基础设施服务。

特别是在支付系统的应急安排仍无法保障支付系统的安全性和运行可靠性，无法及时对故障作出反应以恢复系统的关键服务，将造成大范围的重大中断事故，引发一系列连锁反应，甚至可能波及其他金融基础设施，影响金融体系的稳定。因此，支付基础设施应当恰当地管理信用风险和流动性风险，包括正常情况的风险管理和异常事件的风险处置，并使参与者有动力和能力识别和管理这些风险。

2. 碳中和[②]支付意愿影响资产需求变化，间接影响支付基础设施的风险应对能力。随着全球气候变化带来的影响日益严重，全球正在研究各种适应气候变化影响的工具和措施。例如，2020年欧盟发布了《欧盟可持续金融分类法》，对67项经济活动设定了对环境有重大贡献、对环境无重大危害以及最低保障的筛选标准，帮助投资者、发行人应用低碳经济的金融工具。作为应对气候变化的主要国家，我国在2012年6月发布《温室气体自愿减排交易管理暂行办法》，开始积极通过市场化的气候政策，提升市场核证自愿减排量[③]（CERs）的需求，运用碳市场抵消机制（Carbon Offsets），以应对气候变化。

在以“双碳”为目标的气候政策下，有碳盈余的控排企业与碳配额缺口企

① CPSS，即支付结算系统委员会（Committee on Payment and Settlement Systems），是支付和市场基础设施委员会前身，旨在监督和促进支付清算及结算的安全与效率。

② 碳中和，是指通过计算个人生活、工作或某项活动中的二氧化碳排放量，通过自愿购买森林碳汇或清洁项目产生的核证减排量把这些碳排放量抵消掉，以使自己成为气候无害者或对气候的影响是中性的。

③ 核证自愿减排量（Certified Emission Reductions），一种碳抵消机制，即控排企业先实施“碳抵消”活动的企业购买可用于抵消自身碳排的核证量。

业为满足各自的需求与利益，通过碳排放权交易市场影响棕色资产价格，逐渐衍生出各种碳基金、碳债券和碳资产质押贷款以及碳信用等碳金融产品。碳金融产品的价格波动、需求变化及风险敞口，对证券登记结算系统和中央对手清算基础设施，甚至是支付系统有效识别、衡量、监测和管理由气候政策变化引发的一系列风险，满足金融体系的商业可行性及弹性都带来不小的挑战。

（二）长期影响机理

1. 可能影响整个经济和金融体系的结构和稳定性。作为更频繁、更剧烈和更持久的经济冲击的来源，气候变化的性质将更难确定，它放大了供应冲击的频率和严重性，将干扰中央银行对冲击的深层次评估。气候变化直接影响中央银行的通胀目标，使货币政策立场的评估复杂化，货币政策也将更频繁地面临在推进生产和稳定通胀之间的权衡，影响整个经济和金融体系的结构和稳定性。

2. 可能通过对金融市场和银行业的影响削弱货币政策的传导。气候变化可能使“中性”货币政策立场变得更加困难，与气候变化相关的风险可能意味着对自然利率的抑制作用，而绿色投资和新技术却可以推升自然利率，但两者的净效应是不确定的，使货币政策的实施复杂化。资产因气候政策等导致的超预期减值（资产搁浅）和气候相关金融风险的突然重新定价可能会在金融体系中造成损失，并损害流向实体经济的融资。

3. 可能增加央行资产负债表上资产的风险，导致财务损失。气候变化风险会影响交易对手、发行人和其他债务人履约能力，从而转化为更高的信用风险，中央银行持有的金融资产直接或长期面临此类风险。风险也可以在较短的期限内间接暴露，例如通过交易对手质押的抵押品。气候变化也可能对货币政策制度的设计产生影响。以通胀为传统目标的央行可能会重新审视总体通胀与核心通胀之间的联系，以在冲击被评估为暂时的，且不会威胁到通胀预期锚定的情况下重新审视这些冲击。

三、基于PFMI对气候变化风险的评估分析

2012年，在吸取金融危机教训，吸收原有系统重要性支付系统、证券结算系统和中央对手方等国际标准执行经验的基础上，CPSS和IOSCO技术委员会联

合发布了《金融市场基础设施原则》（*Principles for Financial Market Infrastructure*，PFMI）。PFMI 是金融市场上基础设施的国际标准，包含了最新的、要求更高的国际支付清算与结算系统标准。此标准识别和消除了《系统重要性支付系统核心原则》等原有国际标准之间的差异，强调全面风险管理，提高了金融市场基础设施（Financial Market Infrastructure，FMI）安全高效运行的最低标准，旨在确保支撑全球金融市场的基础设施更加强健，能够更好地抵御金融风险冲击。

具体来看，根据 PFMI 中划分的风险类别，物理风险与转型风险可能给支付市场基础设施带来多种类型风险，包括治理（原则 2）；全面风险管理框架（原则 3）；信用风险（原则 4）；抵押品（原则 5）；保证金（原则 6）；流动性风险管理（原则 7）；一般业务风险（原则 15）；托管风险与投资风险（原则 16）；运营风险（原则 17）；规则、关键程序和市场数据的披露（原则 23）。

（一）关于 PFMI2 -3：治理、全面风险管理框架

根据 PFMI2 -3，“FMI 应该具备清晰、透明的治理安排，促进 FMI 的安全和效率，支持更大范围内金融体系的稳定、其他相关公共利益以及相关利害人的目标”，同时“健全的风险管理框架（包括政策、程序和系统），使其能够有效识别、衡量、监测和管理由其产生或由其承担的一系列风险”，包括与气候变化相关的风险。为此，FMI 应当定期审查当前的风险假设和风险管理技术是否全面和有效。为应对气候变化风险影响，FMI 可能需要在高级管理层的支持和参与下，在内部新建负责可持续发展的办公室或委员会，并发展相关信息分析能力，为 FMI 和相关监管机构提供有益信息。

（二）关于 PFMI4 -7：信用风险、抵押品、保证金和流动性风险管理

由于 FMI 及其参与者面临交易对手无法在到期时或在未来的任何时候完全履行其财务义务的风险，因此，FMI 应有效地度量、监测和管理其信用风险和流动性风险。气候变化风险可能通过以下途径对 FMI 造成风险：一是极端天气事件可能损害 FMI 参与者的金融资产或非金融资产（如银行分支机构、数据中心、ATM）的价值。二是极端天气事件可能导致 FMI 清算的金融资产估值出现更大波动。以中央对手方（CCP）为例，金融资产价格的大幅波动可能导致 CCP 保证金违约。三是环境政策和技术的变化可能侵蚀 FMI 接受作为抵押品的金融资产的价值，导致 FMI 清算或接受作为抵押品的产品的市场流动性降低，进而使 FMI 的风险管理（保证金、成员违约管理等）更具挑战性。

（三）关于 PFMI15－17：一般业务风险、托管风险与投资风险、运营风险

一是极端天气或其他气候变化相关事件可能导致运营中断或增加 FMI 的运营费用；或者对 FMI 的非金融资产价值造成损害，导致 FMI 付出非常高昂的一次性成本，托管资产可能无法按要求及时归还，回购资产可能无法归还或投资资产可能无法及时清偿。二是气候或气候政策的突然变化可能导致 FMI 投资资产的价值急剧上升或下降，特别是在 FMI 投资于更易受气候变化风险影响资产（如能源、大宗商品或运输部门的股票）的情况下。三是推动向低碳经济转变的气候相关公共政策可能会使 FMI 的当前运营场所（或数据站点）无法使用或成本过高，并需要关闭或迁移，从而导致 FMI 更高的运营风险及一般业务风险。

（四）关于 PFMI23：规则、关键程序和市场数据的披露

该原则要求 FMI“提供充分的信息，使参与者能够准确了解参与 FMI 应当承担的风险、费用和其他实质性成本”。因此，适当披露 FMI 应对气候变化的准备情况，将有助于其参与者、相关 FMI 以及更广泛的金融体系管理气候变化相关风险。

四、应对气候变化风险的路径选择

（一）构建气候风险识别和评估框架，通过压力测试识别和量化气候风险指标，进行审慎监管和金融规制

为了更好地预估由于气候因素导致的潜在损失，防范和化解其对金融稳定的影响，国际社会积极呼吁把气候因素导致的相关风险纳入考虑范围。2020 年 5 月，NGFS 发布了《面向监管者的将气候和环境相关风险纳入审慎监管的指南》，号召监管机构将气候和环境相关风险纳入审慎监管的考量，并提供了一些具体的做法和建议。2020 年 6 月，NGFS 发布了《面向央行和监管机构的气候情景分析指南》，为央行和监管机构提供了较详细的气候风险情景分析的方法学参考。

支付基础设施是支持货币政策实施、维护金融稳定的核心金融基础设施，其安全性、高效性和稳定性需要经得住极端情况考验。PFMI7 中的要点 9 规定：“FMI 应确定其流动性资源规模，并通过严格的压力测试定期测试其流动性资源的充足性。”在过去的十年里，国际货币基金组织在其每五年一轮的金融部门评估规划[①]（FSAP）中就有一个涵盖气候相关的物理风险评估。例如，估计受自然灾害影响的保险损失和不良贷款。在最近几年，FSAP 已经帮助了越来越多的成员国完成压力测试，评估其金融体系应对气候风险下的能力，为成员国将气候风险纳入财政、外汇和监管体系提供技术援助。

在碳达峰碳中和的目标下，我国支付基础设施也应进一步将物理风险和转型风险有机结合，构建起有效的气候风险识别和评估框架与模型，通过压力测试来评估自己应对气候风险的能力，为做好风险管理工作提供依据。目前，在险价值[②]法（Value at Risk，VaR）最早由 G30 提出，是流动性压力测试实践中普遍采取的方法。由 J. P. Morgan 推出的用于计算 VaR 的 Risk Metrics 风险控制模型则被广泛采用。根据定义，VaR 可表示为：

$$Pt(\Delta p\Delta t \leqslant -\mathrm{VaR}) = \alpha$$

根据 VaR 的定义，计算与支付系统压力测试相关的 VaR 值需根据支付系统的极端场景，抓取各个时点系统参与者流动性需求数据，并采用一定方法计算出某个置信区间内单一参与者流动性需求的 VaR 值，将所有参与者 VaR 值加总得到各极端场景下系统流动性的 VaR 值，即为全系统在极端情况下流动性需求的压力值。

（二）在可持续发展的结构性改革中，扩大气候金融的规模来尽可能降低气候变化对支付基础设施的影响

据政府间气候变化专门委员会（IPCC）报告，到 2030 年发展中国家每年所需的气候资金流量将增长 4 到 8 倍，这个财务缺口将需要更多长期民间资本来填补。当前，国际组织、主要经济体在气候金融发展方面不断进行探索和创新：出台标准和法律，统一绿色金融属性认定标准，阐明绿色金融项目类别；通过立法明确金融机构的环境法律责任，加大对环境污染企业信贷风险防范；创新绿色信贷、债券、保险等产品，丰富投资手段；通过建设配套的交易市场和投资主体，帮助投资者、发行人应用绿色金融工具；同时明确绿色金融产品信息披露的内容和要求，引导气候金融发展。

---

① 该规划旨在加强对国际货币基金组织成员经济体金融脆弱性的评估和监测、减少金融危机发生的可能性，帮助各国查明金融部门的脆弱性，制定较长期的政策和改革措施，从而推动金融改革与发展。

② 在险价值是指处于风险中的价值，即市场正常波动下某一组合在一定置信区间下在未来特定时间内的最大可能损失。

气候政策超预期与低可信度都可能加剧金融市场不确定性，因此气候政策的平稳出台和实施，可以让市场平稳地调整资产价格，避免系统性金融风险的发生。在可持续发展的结构性改革中，我国应积极通过气候政策影响支付意愿，加强金融市场创新和对传统行业的转型支持，并加快完善中国碳市场建设，充分利用价格信号引导有序的低碳转型，降低气候变化对支付基础设施的影响。比如，能源密集型企业和大型企业进行气候投资的意愿更强，能源密集型企业因为需要大量能源作为生产要素，而大型企业则更容易受到来自监管的要求。目前，在管理气候风险方面的实践中，除了绿色和转型产品，新型衍生品逐渐发挥重要作用，澳大利亚、印度、墨西哥、南非和美国均使用气候衍生品来稳定农产品价格。2020 年，与美国气候相关的期权规模几乎翻了两倍。又如，韩国环境部与韩华财险 2016 年合作推出“低碳绿色车险”，根据私家车运行里程的年同比减少数额，进行相应的保费补贴，鼓励民众减少私家车使用。

（三）构建网络弹性管理防线，完善应急管理与危机处置，提升关键参与者气候风险管理意识和能力

1. 建立审查测试长效机制，强化日常审慎监管。利用非现场监督和风险评估机制实现对支付系统风险的初级识别和基础管理。加强对网络安全、IT 外包、数据质量等重点领域的检查，掌握重点领域风险状况和防控水平，采取压力测试评估潜在故障可能造成的影响。利用内部独立于 IT 治理架构的组织或部门开展现场审查，必要时引入外部第三方评估机构，借助专业团队力量提升支付系统运行风险审查工作质效。

2. 监测关键参与者风险，强化关键参与者动态管理。借鉴欧盟 SIPS 管理方式，动态调整关键参与者身份，进一步完善细化监管规定，有效降低关键参与者因气候变化物理风险和转型风险可能对支付系统产生的不利影响。制定“一揽子”措施监测关键参与者风险，持续监控关键参与者各类活动，提高关键参与者对运行风险自查自评的频率，组织定期审核验证关键参与者合规性，定期与关键参与者召开审查会议等。

3. 强化网络弹性管理，构建网络监督管理防线。督促关键参与者和系统重要性支付系统运营者落实重大网络事件报告义务，以便于分析研判网络局势，对潜在危机作出快速反应。根据气候变化趋势，模拟极端气候事件的发生范围、频率、持续时间以测试网络弹性，通过情景分析识别漏洞，降低网络风险。重视对远程工作环境中的安全隐患的测试和防控，鼓励金融机构在自愿的基础上共享系统运行情报信息，达到利用集体知识、经验和能力，提高防御能力、检测技术和决策水平的目的。

（四）将气候变化纳入机构治理和全面风险管理框架，不断健全支付基础设施业务连续性计划

由于气候变化风险的不可预测性，用于风险管理目的的历史信息可用性不足，因此支付基础设施在制订业务连续性计划时，需要假设更极端、更具前瞻性的风险情景。如果气候变化导致更频繁的“百年一遇”的极端天气事件，还需要持续重新评估风险管理技术，并进行涉及更广泛情形（包括假设情况）的更严格的压力测试。

支付基础设施管理应尽快将气候因素纳入机构治理和全面风险管理框架，进一步建立健全业务连续性计划。特别是要在常态化风险应对之外，针对极端天气事件等远超历史数据的、更具前瞻性的假设情景，充分评估支付清算系统灾备设计以及电力、通信等基础保障的可靠性，制定长时间断电、断网等极端情形下的危机处置措施，切实提升支付基础设施灾备建设、应急管理、容灾抗灾能力和水平，并定期开展压力测试和应急演练，实现从被动反应走向未雨绸缪。

参考文献

[1] 刘精山. 中国核证自愿减排量的发展现状、问题及政策建议 [J]. 海南金融，2022（8）.

[2] 马骏，孙天印. 气候转型风险和物理风险的分析方法和应用——以煤电和按揭贷款为例 [J]. 清华金融评论，2020（9）.

[3] 徐忠，曹媛媛. 低碳转型——绿色经济、转型金融与中国未来 [M]. 北京：中信出版集团，2022.

[4] 杨燕青，周徐. 金融基础设施、科技创新与政策响应 [M]. 北京：中国金融出版社，2019.

[5] 杨涛，李鑫，赵亮. 金融科技与支付变革——技术、模式与账户 [M]. 北京：中国社会科学出版社，2019.

[6] 中国人民银行支付结算司. 中国支付体系发展报告 2020 [M]. 北京：

中国金融出版社，2021.

［7］刘长松．碳中和的科学内涵、建设路径与政策措施［J］．阅江学刊，2021（2）.

［8］饶尧，丁胜，胡宝华．基于碳中和的绿色投资机遇探究［J］．科技资讯，2021（4）.

支付清算系统业务连续性风险管理机制研究

——基于 COSO 风险管理框架视角

文/吉祖来　姚东金　刘　源　卢小玲*

摘要：建立健全支付清算系统业务连续性管理体系，对增强支付业务持续运营能力，提供安全高效的支付清算服务至关重要。本文基于 COSO 风险管理框架①视角，以江苏辖内法人农村商业银行为例，运用层次分析法②和剩余风险评估理论③探索建立涵盖支付系统业务连续性风险识别、评估与应对的全链条风险管理机制，形成一套可复制、可借鉴的支付清算系统业务连续性风险管理体系，切实提升支付系统参与者对支付清算业务风险的应对能力。

关键词：支付清算系统　业务连续性管理　COSO 风险管理框架　层次分析法　剩余价值评估

随着金融基础设施互联互通日益紧密，支付系统运行风险的集中性、突发性、传染性、破坏性愈加凸显。2019 年以来，美联储支付系统因技术问题和操作失误，接连发生两次严重的业务连续性中断事件④；国内中小地方法人银行机构由于科技基础薄弱、业务系统依附性强，支付系统业务连续性风险事件也时有发生。加强支付系统业务连续性风险管理，尤其是中小法人银行机构的业务连续

---

* 作者单位：人民银行南京分行支付结算处。

① COSO 风险管理框架是美国 COSO 委员会于 1992 年研究发布的内部控制框架的一项重要内容，提出了更精简、更利于执行的风险识别和管理框架。

② 层次分析法为美国运筹学家 Saaty 于 20 世纪 70 年代初期提出的一种主观赋值评价方法，可将决策有关的因素分解成多个层次，常用于为各层次指标确立权重或进行方案选择等。

③ 剩余风险评估理论是评估对固有风险实施控制措施以后的剩余风险的理论或方法。

④ 2019 年内部技术问题让部分功能瘫痪，致使 Fedwire 银行间资金转账服务中断了大约 3 个小时；2021 年因操作失误发生故障，9 类金融服务中断长达近 4 个小时，故障影响整体时长超过 8 个小时。

性风险管理，对于保障金融市场基础设施安全、高效运行，维护支付安全，防范金融风险，均有较强的现实意义。

一、基于COSO风险管理框架视角的支付系统业务连续性管理

（一）支付清算业务连续性管理和COSO风险管理框架

近年来，我国持续推动实施支付结算体系委员会和国际证监会组织技术委员会提出的《金融市场基础设施原则》。为进一步保障支付清算系统运行的连续性，有效防范业务中断带来的风险，人民银行于2020年发布《关于进一步加强支付清算系统业务连续性管理工作有关事项的通知》（银支付〔2020〕111号），从监管主体、清算机构、银行和支付机构等多维度明晰了支付系统业务连续性管理的职责和要求，以期通过对支付系统业务连续性风险的持续排查和应对，不断增强对业务连续性风险的防范和控制能力，确保支付系统业务安全、稳定、高效运行。

COSO风险管理框架在风险管理和内控领域广泛应用，具有较高的权威性。在2017年最新版企业风险管理框架中，风险管理包含内部环境、目标制定、事件识别、风险评估、风险反应、控制活动、信息与沟通、监督八个要素。基于COSO风险管理框架的支付系统业务连续性管理能全面识别和评估风险，并根据风险的性质和大小匹配相应的风险管理策略，更为科学、精准、有效地实施风险管理，保证支付系统运行风险有序可控以及业务连续性管理目标有效实现。

本文基于COSO风险管理框架视角，将单一支付系统中断风险管控设为目标，引入全面风险管理方法和工具，运用层次分析法和剩余风险评估理论，建立覆盖支付系统业务连续性风险识别、评估与管理三个主要环节的风险管理框架，推动支付系统各级参与者将业务连续性管理与组织战略目标相融合，并纳入全面风险管理体系，使得支付系统业务连续性管理的目标和要求更为具体和完善。

（二）支付系统业务连续性风险管理指标体系

运用COSO风险管理框架，结合支付系统业务模式和风险管理关键点，运用风险矩阵分析法（LS）[①]，从制度建设与监督、组织框架与人员管理、系统运维、

① 风险矩阵分析法是一种综合风险发生的概率和损害的严重程度来评估风险大小的定性的评估分析方法。

应急管理四个关键维度（见图1）出发，识别并映射出26项风险指标。

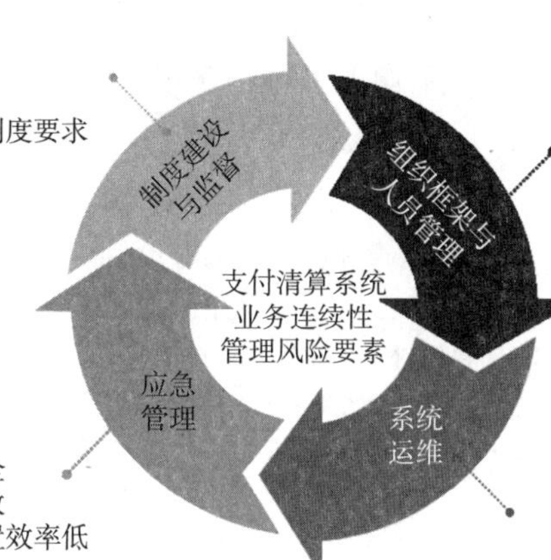

图1　支付清算系统业务连续性管理关键维度和风险指标

在此基础上，制定相应的控制措施（见表1《支付清算系统业务连续性管理风险指标和控制措施一览表》，以下简称《风险指标和控制措施一览表》）。

表1　支付清算系统业务连续性管理风险指标和控制措施一览表

关键维度	风险指标	指标内容	控制措施
制度建设与监督（A1）	内控制度体系不健全（A11）	制度建设不符合行业监管要求、业务发展实际；上下级机构间缺乏系统性内控制度等	制定符合行业监管、业务发展实际、有利于上下级机构协同的制度
	内控制度更新不及时（A12）	制度更新不及时，未随着监管政策调整、业务发展变化等及时更新，存在多方面风险隐患	及时修订完善内控制度，以符合行业监管、业务发展实际需要
	工作流程和决策程序不符合制度要求（A13）	内控制度执行不到位，工作流程和决策程序等不符合制度要求等	强化制度执行，业务和决策均按照制度要求开展
	监督机制不健全（A14）	未建立监督、审计机制，或机制不合理、不健全	建立健全内外部监督机制，指定内部机构对制度有效执行情况开展督促和检查；检查情况、审计报告提交董事会和高级管理层审批
	监督、整改不到位（A15）	审计频次与目标不符，审计内容不完整，审计发现问题未能得到有效整改等	根据机构目标选择适度的审计频次，完善审计内容等，对审计问题及时组织各有关部门整改落实

续表

关键维度	风险指标	指标内容	控制措施
制度建设与监督（A1）	档案管理不规范（A16）	未妥善收集保管工作档案，档案归档、调阅不规范，造成档案毁损或遗失等	妥善收集保管工作档案，规范档案管理
组织框架与人员管理（A2）	组织架构不清（A21）	组织架构、管理制度不完整清晰	及时优化完善组织架构，建立具体的组织管理制度
	组织分工不明确、不合理（A22）	部门间和部门内职责分工不明确、不合理；岗位制约复核机制未能有效落实	优化部门间和部门内部各岗位间的职责分工等
	无高级管理层人员参与组织相关工作（A23）	未指定高级管理层人员整体负责，或虽指定但对该项工作重视程度不高等	指定高级管理层人员整体负责，并强化对该项工作重要性的认知
	组织架构、岗位设置调整不及时（A24）	未能及时根据监管要求、业务发展要求及时调整组织架构、岗位设置等	根据监管要求、业务发展要求及时调整组织架构、岗位设置等
	人力资源管理机制不健全（A25）	队伍建设不完善，关键岗位人员补充不及时，考核机制不健全等	完善队伍建设，关键岗位建立备份机制，健全考核机制等
	人员培训不科学、不合理（A26）	新到岗员工培训不全面、不及时；业务发生变化时，未能及时跟进培训等	优化培训机制，全面、及时地开展培训等
	员工合规和风险意识，以及风险处置能力弱（A27）	员工风险合规意识不强，出现异常情况时，应对不足等	强化员工合规意识，提升异常情况员工的风险应对能力等
系统运维（A3）	机房硬件设备及运行不稳定（A31）	供配电系统故障，空调故障、灾害等原因导致设备受损	中心机房配备双 UPS 及柴油发电机、服务器等关键设备采用双机运行；实时监测机房设备，24 小时保障运行；及时处置预警信息等
	配套基础设施不完备（A32）	网络通信线路、网络核心设备故障等	网络通信线路、主要通信设备采用双线路、双机并行；为基层网点配备主、备网络设备及 UPS 等
	系统应用软件风险（A33）	病毒、恶意代码等造成的系统安全风险	系统均安装病毒查杀软件，对病毒、恶意代码进行全面防护；内网服务器关闭不必要的端口，且及时关注系统安全漏洞，对新发现的安全漏洞及时打补丁；通过技术和流程手段控制人员权限等

续表

关键维度	风险指标	指标内容	控制措施
系统运维（A3）	替代业务设置和处理不当（A34）	替代业务处理（如手工记账）流程的设计和制定缺乏科学合理性，员工操作不当等	制定较为详细的替代业务处理管理办法和实施细则，科学合理地设计和制定处理流程和步骤；加强对相关岗位人员的操作培训等
	系统故障联防联动机制不健全（A35）	上下级机构之间、机构与外包服务商之间在系统故障联防联动上缺乏系统性，导致故障未能及时排除，或导致风险扩散	建立完善内外部、上下级间预警信息传导、响应和处置机制，快速、准确识别故障节点，并作出分析与处置等
	外包服务商管理不善（A36）	外包服务商管理能力、专业性不足等	按照监管机构要求选择合格的外包服务商；与外包服务商签订服务水平协议，明确双方权利和义务，细化违约赔偿条款；制定外包服务商管理制度、流程，建立全面的服务质量控制和风险控制措施；完善对外包服务商的监督评价机制等
	日常巡检和风险排查不到位（A37）	巡检不及时导致系统老化、故障，且未能及时排查出风险等	定期巡检，及时排查风险，保证系统平稳运行；及时响应、处置网点报修等
应急管理（A4）	应急处置组织架构不健全（A41）	应急处置组织架构和管理体系不健全，权责不明确等	形成应对突发事件、灾害灾难的各部门协同组织和管理体系，含应急决策、应急指挥和应急执行保障等
	风险预警和判断机制失效（A42）	出现异常情况时，对预警信息评判不足，或对风险影响程度评判不足等	建立重要信息系统的性能监控机制，合理设置预警值，确保预警信息及时传送至相关人员分析，合理评估其影响程度等
	风险应对策略和资源配置效率低（A43）	风险应对策略与本机构风险容忍度不相符，恢复控制措施缺乏科学合理性等	建立适度高效的风险应对策略，明确不同层次的风险并能采取措施应对风险，恢复运行
	应急预案系统不完善（A44）	预案体系不完善，或适应性不足等	制定内容完整、操作性强的应急预案，加强应急管理
	未能持续有效开展应急演练（A45）	应急演练未能开展或开展频次以及有效性不足等	强化应急演练，明确内容、依据、目的、负责人和相关部门等，并及时优化调整，保障有效性等
	外部应急协作策略不完善（A46）	上下游供应链、社会公共机构、业务合作机构、外包服务商、设备与服务提供商等相关单位间应急协作策略不完善或有效性不足	识别并确保业务重要性外部机构协作策略完善和有效

（三）支付系统业务连续性风险评估

运用层次分析法和剩余风险评估理论对支付系统业务连续性固有风险进行量化评估，计算剩余风险并有针对性地提出风险控制策略。

一是评估固有风险等级。固有风险是未采取任何措施来改变风险的可能性或影响的情况下所面临的风险，固有风险的等级或大小，通过风险发生概率和影响程度两个因素综合度量。将各风险指标按照发生概率和影响程度分别进行风险评级，分为1－4级，一级0－1分（含）为低，二级1－2分（含）为较低，三级2－3分（含）为一般，四级3－4分（含）为高，风险越大，分值越高。

其中，风险发生概率根据有无历史数据、业务复杂程度、业务变更影响程度等确定等级（见表2）。

表2　　支付清算系统业务连续性固有风险等级表

标准	第1级	第2级	第3级	第4级
有历史数据的：引起损失的风险发生频率	3年内未发生	2年内发生过	1年内发生过	3个月内发生过
无历史数据或历史数据不完整的：业务复杂程度	业务不涉及资金和授权，流程简单	业务涉及资金和授权，流程简单	业务不涉及资金和授权，流程复杂	业务涉及资金或授权，且流程复杂
业务变更对原业务流程的改变、冲击程度	流程变化不明显，岗位、职责基本无变化	流程有较小变化，仅涉及部门内部个别岗位、职责调整	流程有较大变化，涉及部门内部多个岗位、职责调整	流程变动很大，涉及跨部门多个岗位、职责调整

风险影响程度根据风险事件发生后的影响范围和程度确定三个大类，即业务中断损失、资金损失和非财务损失（客户满意和声誉等），再根据影响程度确定七个标准，最后利用专家打分法，确定等级（见表3）。

表3　　支付清算系统业务连续性固有风险影响程度等级表

影响结果	标准	第1级	第2级	第3级	第4级
业务中断损失	业务中断时间或部分业务受影响时长	小于10分钟	10分钟至30分钟	30分钟至1小时	1小时以上
	业务情况	业务成功率低于50%，办结时间小于5分钟	业务成功率低于50%，办结时间5分钟至10分钟	业务成功率低于50%，办结时间10分钟至30分钟	业务成功率低于50%，办结时间30分钟以上

续表

影响结果	标准	第1级	第2级	第3级	第4级
业务中断损失	业务目标影响	对业务目标实现影响不大，但影响内部正常运转	影响到一般业务目标的实现	影响多项业务目标或重要业务目标的实现	影响战略目标的实现，或违反行业监管规定
资金损失	中断期间造成财产、收入损失，恢复正常运行所增加的额外费用	造成很小程度的损失	造成较低程度的损失	造成中等程度的损失	造成比较严重的损失
非财务损失	客户满意度	引发客户投诉事件小于或等于1起，未造成优质客户流失	引发客户投诉事件1起至3起，造成优质客户流失较少	引发客户投诉事件3起至10起，造成少数优质客户流失	引发客户集中投诉，优质客户流失严重
	妥善处理该事件涉及的机构	本机构层面可妥善处理	上级机构层面或协调外部机构处理	监管机构介入处理	诉诸公检法部门强制解决
	产生负面报道持续时间	引发负面舆情持续报道小于3天，负面舆情传播范围较小	引发负面舆情持续报道3天到1周，负面舆情传播引发主流媒体关注	引发负面舆情持续报道1周以上，负面舆情较快传播	负面舆情受到媒体广泛关注，并迅速传播

在为风险影响程度和风险发生概率评级后，可构建风险矩阵（见表4），确定固有风险的级别。

表4　　　　支付清算系统业务连续性风险矩阵

风险级别		风险影响程度			
		1	2	3	4
风险发生概率	1	1	1	2	3
	2	1	2	3	4
	3	2	3	3	4
	4	2	3	4	4

二是评估控制措施有效性等级。控制措施有效性反映了所采取的控制措施对管理和缓释固有风险的有效程度，分为1－4级，即一级0－1分（含）为有效、二级1－2分（含）为一般缺陷、三级2－3分（含）为重要缺陷、四级3－4分（含）为重大缺陷。分值越高，风险越大。根据内外部检查及运维情况，描述了

每一级别对应的支付清算系统业务连续性风险（见表5）。

表5　　支付清算系统业务连续性控制措施有效性及风险等级表

控制措施有效性	有效	一般缺陷	重要缺陷	重大缺陷
风险等级	第1级	第2级	第3级	第4级
最近一次支付系统运维情况检查或专项检查情况	未发现或仅发现个别轻微问题，对各项目标的实现影响不大	发现了较小程度的风险隐患，影响个别目标的实现	发现了重要的风险隐患，其严重程度低于重大缺陷，影响部分控制目标的实现	发现了重大风险隐患，对央行支付清算系统产生重大负面影响
上次检查以来内部控制优化	检查建议基本采纳，全面进行整改	采纳了大部分检查建议，大部分问题得到有效整改	检查建议未得到积极采纳和落实，多项问题未得到有效整改	相关检查建议未给予采纳，对重大问题未采取整改措施
	控制情况未发生实质性调整，各项目标基本能够实现	控制情况发生较小变化、较为简单的调整，个别目标的实现存在不确定性	控制情况发生较大变化、较为复杂的调整，部分目标的实现存在不确定性	控制情况发生重大变化和广泛调整，主要目标的实现存在不确定性

三是确立权重。运用问卷调查法和专家打分法，构建两两比较的判断矩阵，对风险指标及施加控制措施后的风险指标分别计算权重，得出固有风险权重和控制措施有效性权重。具体做法为：根据层次分析法的1－9级标度（见表6），对风险指标的重要性进行两两比较，分别形成风险指标判断矩阵和控制措施有效性判断矩阵。再对判断矩阵归一化处理后分别得出指标的权重，最后进行一致性检验，以检查在构造判断矩阵时的判断思维是否具有一致性。

表6　　1－9级标度

标度（相对重要程度）	说明
1	两个指标相比具有同样的重要性
3	两个指标相比前者比后者略为重要
5	两个指标相比前者比后者明显重要
7	两个指标相比前者比后者强烈重要
9	两个指标相比前者比后者极端重要
2，4，6，8	介于两个相邻标度间的重要程度
倒数	若因素 i 与因素 j 的重要性之比为 a_{ij}，则因素 j 与因素 i 重要性之比为 $a_{ji}=\frac{1}{a_{ij}}$

四是计算剩余风险。剩余风险是指管理层采取风险控制措施之后所残余的风险，剩余风险的大小直接关系到支付系统业务连续性管理目标的实现，其值越大，支付系统业务连续性风险控制措施的有效性越弱。根据固有风险指标等级和控制措施有效性的风险等级评估结果和权重，计算得分，最高4分，最低1分，分为1－4级，一级0－1分（含）为低，二级1－2分（含）为较低，三级2－3分（含）为一般，四级3－4分（含）为高。具体为固有风险中各风险指标的权重与风险级别，以及控制措施有效性权重与控制措施有效性等级的加权平均。剩余风险评估还可以根据本单位和部门对支付系统业务连续性管理工作重点以及管理层意见等事项进行调整。

二、支付系统业务连续性风险管理实践——以N农商行为例

N农商行是江苏省基层法人银行，由支付系统上级节点即支付系统直接参与者J农村信用社联合社提供科技平台支撑，并签订代理接入协议，通过J农村信用社联合社代理接入人民银行支付清算系统[①]和农信银支付清算系统等，资金通过在上级节点开设的备付金账户统一进行清算。J农村信用社联合社负责核心业务系统的开发、推广和日常维护等工作，制定参与者管理办法等支付系统相关制度，明确了各间接参与者在代理接入支付系统应遵循的规定。N农商行要遵循相关规定，也可基于核心系统自行开发并运营各类辅助系统。N农商行作为地方性法人银行，支付系统业务量较大，承担一定程度的风险管理任务，因此，对其进行支付系统业务连续性剩余风险评估分析，具有典型的案例分析意义。

（一）固有风险评价

从制度建设与监督（A1）、组织框架与人员管理（A2）、系统运维（A3）、应急管理（A4）四个维度识别出N农商行清算系统业务连续性风险指标，构建风险发生概率和风险影响程度判断矩阵，利用层次分析法计算得出固有风险权重。

根据判断矩阵（见表7），利用层次分析法计算得出固有风险权重A1为32.45%、A2为12.33%、A3为35.92%、A4为19.30%（见表8）。一致性检验

① 人民银行支付清算系统包括大额实时支付系统、小额批量支付系统、网上支付跨行清算系统等。

结果显示权重比较合理。

表7　判断矩阵G

G	A1	A2	A3	A4
A1	1	2	1	2
A2	1/2	1	1/3	1/2
A3	1	3	1	2
A4	1/2	2	1/2	1

表8　固有风险一级、二级指标权重计算结果一览表

一级指标		二级指标			
指标	权重	指标	权重	相对于目标层权重	风险级别
A1	32.45%	A11	36.02%	11.69%	3
		…	…	…	…
		A15	7.21%	2.34%	4
		A16	3.94%	1.28%	1
A2	12.33%	A21	26.97%	3.33%	1
		A22	22.24%	2.74%	3
		…	…	…	…
A3	35.92%	A31	22.60%	8.12%	1
		A32	22.22%	7.98%	2
		…	…	…	…
A4	19.30%	…	…	…	…
		A45	10.81%	2.09%	4
		A46	8.02%	1.55%	1

N农商行固有风险等级（1－4之间）：

$\sum$（各类固有风险权重×风险等级）÷$\sum$各类固有风险权重＝1.88

通过计算，N农商行的固有风险等级为1.88，属于二级较低。N农商行是支付系统间接参与者，核心业务系统依附于上级节点，因此相对于直接参与者而言，支付系统业务连续性固有风险较低。从实际情况来看，近年来也未发生因支付系统业务功能等问题影响到支付系统业务连续风险管理体系的事件。从固有风险的计算结果来看，这主要得益于该行较为健全的内控制度体系、完备的配套基础设施，以及对系统安全漏洞的有效识别和规范操作。

（二）控制措施有效性评价

根据判断矩阵（见表9），利用层次分析法计算得出控制措施有效性权重A1

为 27.05%、A2 为 14.53%、A3 为 42.33%、A4 为 16.08%（见表 10）。一致性检验结果显示权重比较合理。

表 9　　判断矩阵

G	A1	A2	A3	A4
A1	1	2	1/2	2
A2	1/2	1	1/3	1
A3	2	3	1	2
A4	1/2	1	1/2	1

表 10　　控制措施有效性权重计算结果一览表

关键维度		风险指标			
指标	权重	指标	权重	相对于目标层权重	风险级别
A1	27.05%	A11	30.48%	8.25%	2
		A12	24.47%	6.62%	1
		…	…	…	…
A2	14.53%	…	…	…	…
		A24	6.36%	0.92%	3
		…	…	…	…
		A27	3.31%	0.48%	2
A3	42.33%	…	…	…	…
		A34	9.35%	9.36%	3
		…	…	…	…
A4	16.08%	A41	25.16%	4.05%	1
		…	…	…	…

N 农商行控制措施有效性风险等级（1－4 之间）：

$$\sum(\text{控制措施有效性权重} \times \text{控制措施有效性风险等级}) \div \sum \text{控制措施有效性权重} = 1.28$$

通过计算，N 农商行的控制措施有效性风险等级为 1.28，属于二级一般缺陷。从控制措施有效性风险评价结果来看，这主要得益于较为健全的内控制度体系，操作性较强的中断事件应急处置，以及较为先进的机房硬件设备和安全运行环境，较为客观准确地评估了目前存在的风险事件，做到精准施策。

（三）剩余风险评价

N 农商行剩余风险等级（1—4 之间）：

$$[\sum(\text{各类固有风险权重} \times \text{风险等级}) + (\sum \text{控制措施有效性权重} \times \text{控制措施有效性风险等级})] \div (\sum \text{各固有风险权重} + \sum \text{控制措施有效性权重}) = 1.58$$

N农商行的剩余风险为1.58，处于较低水平。这主要得益于该行较为完备健全的政策制度，较为审慎的风险偏好和相对独立且横向牵制的内部审计和监督体系。同时N农商行设有独立的内部审计部门，并由董事长直接分管，有效保障审计结果的独立性，对检查发现问题能限期整改并针对性地作出改进计划。但是，N农商行的剩余风险也不容忽视，主要集中在三个方面：一是上下节点管理界限模糊。上级节点J农村信用社联合社未将其纳入支付系统业务连续性全面风险管理范畴，未形成自上至下的支付系统业务连续性风险整体管理体系。二是风险文化缺失，组织管理基础薄弱。支付系统业务连续性管理工作缺乏配套的日常考核激励机制和以提升业务连续性风险管理意识和风险应对技能为目标的培训规划，培训频次低于监管部门要求等。三是风险指标处置策略和原则不清晰。支付系统业务连续性管理相对孤立，与本单位重要业务持续运行目标出现流程割裂或空白；风险监测预警和数据共享信息化程度偏低；未建立应急联防联控和共享协作机制等。

由于支付系统业务连续性风险管理工作对于中小银行来说还是新兴业务，缺少历史数据来验证风险指标考虑的全面性以及控制措施的有效性，因此本文在研究过程中尚存在一定的局限性。

三、政策建议

（一）强化监管，出台分类监管制度

作为支付系统的建设者和管理者，建议人民银行组织相关机构出台分类监管规则。针对不同类型的参与机构制定分类实施指引，将支付系统业务连续性管理与业务连续性管理、全面风险管理有机结合，对支付系统业务连续性建设与管理过程提出具体监管目标，明确支付系统管理组织架构，支付系统业务连续性管理建设策略、管理流程、阶段性目标与实施路径。

（二）强化协同，直接参与者与间接参与者互补共管

代理清算机构作为支付系统业务连续性风险管理主导者，将间接参与者纳入

支付系统业务连续性管理整体规划，明确间接参与者连续性管理过程中的关键步骤、内容和指标，如准入资质、组织体系、内控管理、资源建设、应急预案等；就组织架构建设、制度维护、系统运维、资源建设、应急处置等方面建立权责清晰、管理紧密、运转良好的机制，明确安全责任和风险管控职责。

（三）强化机制，压实各节点主体责任

一是系统使用者既要保持与上级节点管理目标的一致性，接受其考核和监督管理；又要在本单位战略目标、风险管理策略与成本预算中寻求平衡点，更加关注运行风险和操作风险。二是建立防范风险联动协同机制。搭建风险管理平台，及时、准确地向上级节点和内部部门传输预警信息和风险指标，及时响应并处置风险指标。三是优化应急管理机制。进一步强化应急演练，保障演练的计划性与针对性，针对重要业务中断场景、重大业务活动、重大社会活动等关键时点定向开展；突出演练的实操性与全面性，形成制度化、操作性强的跨上下级、跨平台、跨部门以及跨行业的联动协调机制，尽量接近真实应急场景，提高联动应急处置能力。

疫情影响下支付清算系统业务连续性管理存在的问题与建议

——以河北省廊坊市为例

文/王侨钰*

摘要： 支付清算系统①作为我国核心金融基础设施，是社会资金流转的血脉，其安全稳定、快捷高效的运行是经济发展和民生保障的重要支撑。但是近两年来，受疫情的影响，支付清算系统业务连续性面临前所未有的挑战，随时面临局部停运的风险，严重影响社会资金流转的安全性和及时性。本文针对2022年廊坊市疫情期间支付清算系统运行出现的应急机制不健全、人员不足、系统运行自动化低等问题，深入探索公共卫生事件期间支付清算系统连续性保障措施，以期为疫情常态化下的支付清算系统业务连续性管理提供参考。

关键词： 支付清算　业务连续性

2022年3月，河北省廊坊市突发新冠疫情，全辖三区八县全面实施封控管理，断交、断邮、全民居家，全辖45家银行机构87%的营业网点停业，支付清算系统运行面临前所未有的连续性危机。

一、突发疫情对支付清算系统业务连续性的影响及出现的问题

（一）因人员问题引发的支付清算系统连续性问题突出

公共卫生事件突发，直接面临的是人员不足、专业人员欠缺的问题，并由此

* 作者单位：中国人民银行廊坊市中心支行。

① 此处支付清算系统是指人民银行跨行清算系统，主要包括大额实时支付系统、小额批量支付系统、网上支付跨行清算系统、同城票据清算系统等。

引发一系列系统运行问题。

一是关键岗位人员不能到岗，支付清算系统局部停运。新冠疫情突发，首先造成的是支付清算系统运行关键岗位人员不能到岗，支付清算系统面临无人值守风险。此次疫情期间，全辖 45 家银行机构中近 40 家因无足够的支付清算系统关键岗位人员到岗维持系统正常运转，不得不将本行支付清算系统运维权限移交给上级行或清算代理行，但是涉及一些无法移交的系统，不得不暂时停运，如 2 家农联社和 6 家农商行的小额支票影像截留系统因无人值守又无法向上级行移交，只能暂停运行。

二是到岗人员少，专业能力不足，业务操作风险加大。突发疫情，全市各机构均面临可调用人员不足的问题，相近岗位替岗或兼岗是常态，业务不熟练、操作不规范、业务差错多、违规兼岗等问题突出，“一手清”现象不可避免，存在严重的操作风险和道德风险。如某银行机构在应急过程中只安排了部分部门领导岗位人员到岗，相关业务人员因各种原因未到岗，在办理人民银行 ACS 综合前置财政交存款业务过程中，办公室人员替代核算人员进行业务操作，原本 10 分钟的业务，在人民银行详细指导下 3 个小时才完成。

（二）同城灾备直接参与者系统运行风险加大

直接参与者是支付系统重要节点，直接关系到直参行的行内系统运行和整个支付清算系统的运转。因此，各直接参与者的支付清算系统前置机均采用双备份连接的方式，在不同地区建立灾备中心以应对各类突发事件，保障支付系统的连续性。但是此次疫情期间，某城市商业银行作为直参行的主服务器和灾备中心，分别位于廊坊市的不同行政区，属于同城灾备，且灾备中心位于此次疫情中心，虽紧急派驻人员值守，但存在严重的支付清算系统连续性风险。

（三）个别代理清算行不能保障移交行业务质量

疫情期间，受疫情管控影响，部分中小银行将自身的支付清算业务移交给了代理清算行代为处理，以保障本行核算业务的正常运转。在代理业务处置过程中，个别代理清算行由于水平有限，造成业务操作延误。如某农商行在疫情期间出现了一笔大额支付系统查询查复逾期，就是由于代理清算行（省联社）未及时查复造成的。

（四）银行网点停业，居民企业正常金融需求得不到保障

疫情管控期间，廊坊市全辖 45 家银行机构 776 个营业网点中，仅有 104 个

营业网点能正常营业，占比仅13%，其中廊坊市区和7个县域网点全部停业，仅个别受疫情管控影响较小的县域网点能正常营业。造成的影响有：一是部分老年人无非现金使用习惯，银行网点停业，现金支取受限，生活用品采购困难。二是银行营业网点停运，部分柜面业务无法正常办理，影响居民、企业正常金融需求。例如，个别居民账户在管控期间因触发电信诈骗监测模型被开户行交易监测系统自动冻结，导致线上线下均无法支付，居民基础支付需求无法满足，居家隔离生活无法为继；个别异地经营企业账户被银行账户管理系统自动封控，无开户行干预无法解控，直接影响企业经营。

二、原因分析

（一）突发公共卫生事件的应急处置机制不完善、不到位

虽然各银行机构均针对突发公共卫生事件制订了应急处置预案，但是并未经过实践的检验，只存在于纸面或者理论层面。而每年的应急演练也仅局限于有限的部门、有限的业务人员，全员性演练考虑不足。在此次实战抗疫过程中，这些问题陆续暴露出来。

（二）支付清算管理部门未被纳入地方政府疫情防控保障单位

由于地方政府防疫部门并不清楚支付清算系统作为金融基础设施在抗击疫情过程中的重要作用，只将其视为单纯的服务单位，管控政策的实施直接导致银行机构的支付清算系统运维关键岗位人员、账户管理人员不能到岗，进而引发一系列的业务连续性问题。

（三）直接参与者支付清算系统异地灾备建设不到位

个别支付清算系统直接参与者出于成本效益考量，只将支付清算系统灾备简单定义为小范围单体性灾害，如服务器故障、网络故障、电力供应、火灾等局限性灾害，未将地震、台风、暴雨、公共卫生事件等大范围自然灾害纳入灾备系统建设考虑范围。这直接导致核心业务系统数据跨省灾备，而支付清算系统采用同城灾备，存在风险隐患。如某城市商业银行核心业务系统灾备中心建在上海，而支付清算系统的前置服务器灾备建在廊坊市某行政区，当位于廊坊市的主数据中心和同城备用数据中心同时出现问题后（如地震、洪水等严重自然灾害），该银行所有网点将无法开展支付相关业务。

（四）部分机构核心业务系统自动化水平有待完善

由于科技水平原因，中小银行机构支付清算系统对接核心业务系统存在自动处理功能不全问题，这些问题在平时不明显，在此次疫情期间暴露出来。一是人工干预环节多，业务操作人员要求数量多。如在大额支付系统退汇过程中需逐笔干预，在疫情期间人员紧张的情况下，严重影响退汇时效。二是在系统向上级行或代理清算行移交过程中，存在部分功能无法移交的问题。如农联社系统的小额支票影像截留系统在疫情期间因自身不能保运转且不能向上移交而被迫停运。

（五）代理清算行业务水平难以保障

目前，村镇银行基本上都通过第三方公司开发、运维支付系统和代理接入支付清算系统，但这些外包服务机构基本上均未在村镇银行所在地设立分支机构，属地人民银行对外包服务机构所引发的连续性风险无法有效防控。以廊坊市为例，11 家村镇银行，涉及代理清算行 5 家，分布于全国 5 省 6 市（杭州市、合肥市、海口市、呼和浩特市、石家庄市和廊坊市）。

三、对策及建议

（一）建立健全疫情防控应急保障机制

一是建议加强与地方政府的沟通，在防疫应急政策制定时将银行机构支付清算系统运行维护的核心部门及账户管理人员参考医院、超市等纳入疫情保障部门，确保其核心岗位人员能够及时到岗，确保支付清算系统正常运行；账户管理人员可以根据公安部门通知及时解控账户，保障居民和企业正常的线上金融需求。二是疫情期间放宽账户封控门槛，允许封控账户月内可动用万元以内资金以保障日常生活所需。

（二）进一步完善应急处置预案，提升应急处置能力，有效应对各类突发事件

一是建立健全应急管理制度，提高对关键岗位技术人员的重视程度，培养备用专业技术人员，建立分批次分阶段的阶梯人员保障队伍，确保突发事件中业务人员充足。二是完善应急演练机制，开展全行性的应急演练，确保每个岗位人员熟悉自身的岗位职责。三是组织各村镇银行间接参与者、基础设施供应商和直参

行进行联合应急演练，持续提高其业务连续性管理的实践能力和风险防范能力，实现对各种事故和灾难的有效应对，从而防范和化解支付风险。

（三）提高直接参与者支付清算系统异地灾备应急能力，确保支付清算系统业务连续性

建议法人机构直接参与者做好支付清算系统应用级的异地灾备建设规划，充分考虑公共卫生事件和地震、暴雨、台风等大范围灾害事件，建立跨省或间距200公里①的异地灾备中心，并且确保应急情况发生时技术及业务人员到位，进一步提高支付清算系统风险应急能力。

（四）完善支付清算系统自动处理功能，减少人工干预环节

通过科技手段完善支付清算系统自动应答功能，提高自动化处理水平，确保数据安全和业务连续性，提升支付清算系统的科技含量，构建更加安全的技防体系，有效提升支付服务水平。

（五）加强对系统托管行的管理，确保支付清算系统资金安全

建立健全支付清算系统异地托管功能。各银行机构，尤其法人机构要建立异地核心业务系统托管功能，在突发情况下，能够随时授权托管。同时，加强托管行的支付清算相关业务培训，组织开展联合应急演练，确保托管期间核心业务系统资金的安全性和业务处理的准确性。

建议村镇银行建立支付清算系统业务连续性管理的评估和持续改进机制，建立业务持续性管理模型，实现村镇银行支付业务连续性管理能力可衡量，提高应对处理突发事件的能力，守住不发生系统性、区域性金融风险的底线。

① 该建议基于目前新冠疫情最大管控范围和八级地震破坏范围。

ACS 模式下基层央行会计核算面临的问题与对策思考

文/杨晓勇　马小虎*

摘要： 随着经济金融形势的发展变化，中央银行会计核算的重要性不断凸显。本文以中央银行会计核算数据集中系统（ACS）业务处理模式为切入点，对基层央行会计核算面临的实际问题进行分析，并提出重构会计核算管理模式的设想，对不断优化会计核算、提高会计管理效率和会计信息质量具有重要的现实意义。

关键词： 会计核算　系统　管理会计

一、ACS 模式下央行会计核算基本概况

2014 年 6 月 30 日，ACS 在全国范围内上线运行。自上线运行以来，ACS 经过多次升级，已经具备丰富、实用的会计核算功能，实现数据集中化、流程科学化、管理信息化、服务综合化、监督过程化。ACS 通过一系列的人工协作处理，完成了核算、记账、监督、档案生成和信息采集等业务流程的电子化处理，构建了完整的中央银行会计核算工作框架。

ACS 除组织自身会计核算外，还对货币政策工具运用、货币发行、国库、外汇管理等业务活动进行账务处理，是人民银行核心业务系统之一，它担负着反映宏观金融状况、为国家宏观经济决策提供重要依据的任务，是央行履职的直接工具和账务手段，主要表现在：通过直接参与再贷款、再贴现、本外币存款准备金

* 作者单位：中国人民银行临夏州中心支行。

管理以及借贷便利和公开市场操作等业务，落实并传导国家货币政策；通过为金融机构提供现金支取、资金管理、支付清算等业务，为金融市场提供多样化金融服务；通过参与货币发行和回笼现金业务，合理调节市场流通中货币数量，维持货币流通的秩序。

因此，推进 ACS 业务实践研究，对于畅通中央银行货币政策传导机制、支持金融宏观调控决策、提升金融监管与服务水平、提高全社会资源配置效率有着深远意义和举足轻重的现实意义。

二、当前会计核算面临的实际问题

（一）业务办理中的问题

1. 监督工作不适应会计核算业务发展要求。一是监督模式有待改进。将风险管理贯穿于整个业务处理过程之中，应当是 ACS 模式下会计核算监督的要点，但在实际工作中，隔日复审的事后监督模式弱化了事前预警事中控制能力，一旦发生资金事故，相关损失无法及时追回，难以达到保障资金安全的目的。二是监督组织有待优化。由于事后监督中心监督人员为本级营业部门指定人员，而非专门机构专门人员，内部监督缺乏相互制衡，存在监督不及时、不全面的可能性，相关风险无法通过监督得到客观揭露和提示。

2. 业务自动化处理需进一步完善。ACS 目前尚未实现与货币发行、会计财务等相关业务系统联网，部分数据分散于不同部门，财务报账、发行基金等需要柜台办理的业务在手工传递材料过程中往往因时间紧、错误率高而影响全国业务进展。另外，通过综合前置子系统办理一般性存款、财政性存款缴存业务时，由于人工审核环节多、业务量大，存在资金风险隐患。

（二）系统结构和人员结构问题

1. 组织机构冗余。目前依托 ACS 业务处理模式，地市中心支行设置运行管理中心、营业网点和业务监督中心 3 个机构。按照岗位职责划分，运行管理中心负责用户的开设审批、参数维护设置、重点业务授权及系统检测等工作内容。在实际工作中，网点账户的开销和相关参数维护等需要授权的重点业务量很少，而 ACS 数据又是全国集中，系统运行情况均为上级可见，所以运行管理中心的配置不仅造成人力资源在一定程度上的浪费，还会造成管理的重复和真空地带。

2. 人员结构不合理。在基层央行会计核算部门中，普遍存在业务人员年龄偏大的问题，同时新进人员没有经过系统的专业培训，基础知识薄弱，调研能力不足，容易形成师傅带徒弟式的“操作习惯”。因此，思维开阔的复合型管理和研究型会计人才匮乏严重制约了会计核算工作的长远发展。同时，根据ACS内控制度要求设置的操作员和主管等至少6个岗位间人员不能兼容，造成会计核算部门内不能依据业务多少进行合理兼岗，遇到轮岗或休假，部门人员配备比较紧张，存在不同程度的违规兼岗现象。

（三）数据使用和应急工作问题

1. 系统数据使用效果不佳。一是数据共享有限。ACS承载了货币政策、金融稳定、货币金银、调查统计、固定资产、会计财务、国库等重要金融业务数据，有效的系统数据开发分析能够为央行制定宏观政策提供有力依据。但在实际工作中，相关数据呈现出纵向集中、横向分散的特点，业务数据挖掘和整合程度较低，业务数据共享的范围、渠道、效率不尽如人意，会计核算信息在反映政策成效、提供决策参考方面的作用还有待强化。二是档案调取不便。现有ACS档案系统检索和调取业务凭证信息功能较简单，在一定程度上影响电子档案对纸质档案的替代效果。实际操作中，为了便于备查，仍有不少纸质凭证按原有方式装订保存，大大降低了电子档案的设计初衷和存在价值。

2. 系统应急的实际效果存在一定的局限性。虽然各级行制订了相应级别的应急处置方案，并组织开展至少一年一次的应急演练工作，但尚未形成一套有前瞻性和预见性的风险防范措施体系，尤其部分基层行的应急方案缺乏针对性和实用性，没有将本辖域可能出现的风险情况纳入其中，往往只是在出现问题后才去解决，总是处于亡羊补牢的状态。此外，除了ACS业务岗位专职人员外，部门其他人员对应急方案的各项流程和处置方法掌握不熟练，缺乏风险防范意识和异常情况的处置能力，这与全面风险管理的内部控制要求还有差距。

三、建议措施

（一）从整合资源、强化制度执行力入手，切实处理好业务办理与监督管理的关系

1. 构建统一会计核算管理组织构架。鉴于ACS特点及会计核算工作发展趋

势，建议整合地区资源，组建区域集中管理中心，在提高会计核算业务电子化处理程度的基础上，可建立以省为单位的运行管理中心，通过实时将省内各网点参数维护设置、用户管理及账户开设等相关授权业务办理情况推送至 ACS 省级运管中心，同时该中心能够强化系统运行情况的监测，从而实现人员的集约化和专业化，有助于提高业务处理质量，解决市县行人员结构与系统岗位需求之间日益突出的矛盾。

2. 建立一个核算监督体系。根据监督工作的时效性和独立性要求，可将市级中心支行业务监督中心的职权归入现有的省级事后监督中心，由该机构负责全省的事后监督工作。对该部门职能进行重新定位，改变过去业务全面复审的事后监督方式，实行风险导向的核算监督，将监督方式分为事前、事中、事后监督。同时，综合内审、纪检监察和事后监督等内控部门力量，形成监督合力，切实提高监督质效。

（二）从拓展功能、加快系统自动化建设入手，有效提高会计信息的真实性

只有以技术解放人力，以智能提升体验，以规则管控风险，才能推进人民银行会计核算业务集约化，解决人工肉眼审核的低效与失误问题，提高会计业务的整体处理效率。一是进一步强化客户需求导向，主动优化会计核算系统架构和业务功能，为金融机构业务创新发展提供更为安全高效的集中式、线上化金融服务。例如，系统根据预先设置的准备金和财政存款交存科目规则，从接口导入或综合前置系统抓取的金融机构报表中获取相应信息，并通过计算公式确定交存数据，实现准备金和财政存款交存业务的自动处理，减少人为调账改表，保证会计信息的真实性。二是在实现会计财务报账电子化的基础上，继续开发固定资产账务（目前固定资产业务办理仍需纸质资料的传递，影响效率和质量）电子化处理系统，实现 ACS 与人民银行内部各业务系统的双向互连，打通各业务系统向 ACS 提交报文、自动完成账务处理的通道。

（三）从强化培训、打造高素质专业化队伍入手，为会计核算高质量发展提供有力支撑

紧跟业务发展变化，健全人员培训机制，进一步更新基层央行会计人员业务知识，拓宽会计人员视野，提升会计人员会计分析反应能力、调研能力、专业胜任能力，即不仅要做好业务操作型培训，更要强化管理、分析研究、综合性业务的学习培养，逐步建立起具有现代知识素养和职业水平的干部队伍，以适应会计发展和转型所需要的复合型人才，提升会计工作决策水平。具体实践中，可以定期举办会计核算知识竞赛，提高技术水平；组织集中培训或跨地区工作交流会议，加大从业人员准入、履职期间考评和后续教育环节的管理力度；建立定期轮岗机制，相互学习，相互促进，使会计核算的质量和效率不断提升。

（四）从强化信息分析、完善应急机制入手，全面提高会计核算履职效能

1. 强化信息分析。中央银行会计核算信息体现了人民银行的真实履职情况，而针对当前会计核算数据采用的简单汇总分析模式不利于反映数据背后经济和管理含义的问题，建议构建更加系统科学的数据统计标准和深度挖掘加工机制，大幅提高对各职能部门会计核算信息的采集、加工、输出频率，为信息整合加工及高效共享奠定基础，防范出现因统计标准不一致导致的“信息孤岛”问题，从而为宏观决策和微观指导提供依据，充分发挥会计核算数据“晴雨表”作用。

2. 完善应急机制。现有 ACS 应急处理从结构和内容上都较全面，但鉴于风险点较为分散，实施效果影响因素较多，尤其全国各地面临延宕反复的新冠病毒疫情，建议进一步完善 ACS 应急处置方案，结合各地区风险隐患特点，常态化推进应急演练工作，有效提升部门所有岗位人员应急处置能力。

金融账户

电信网络诈骗典型欺诈模式及应对策略研究

文/王海东　沈黎娟　盛　颖　林蔚丰　李学榜*

摘要：随着信息科技的发展、电子移动技术的普及和运用，不法分子作案手段不断翻新，给人民群众造成巨大的财产损失。本文分析当前银行业反电信网络诈骗（以下简称反电诈）风险管理工作中存在的主要难点，并从金融科技在反电诈方面的探索与应用提出相关的思考和建议。

关键词：电信网络诈骗　账户　策略

一、电信网络诈骗的常见表现形式

电信网络诈骗是以非法占有为目的，利用电信网络技术手段，通过远程、非接触等方式，诈骗公私财物的行为。其常见表现形式含刷单类诈骗、虚假购物消费类诈骗、代办信用卡贷款类诈骗、网络交友诱导赌博投资类诈骗、冒充老板或亲友类诈骗、冒充网购客服退款类诈骗、网络投资理财类诈骗、冒充公检法机关类诈骗和冒充军警采购类诈骗等。

（一）刷单类诈骗

诈骗分子通过各类网站、社交应用群、短信等发布刷单赚佣金的广告，以承诺返还购物本金和刷单佣金作为幌子，诱导受害人开展刷单操作，并以“商品单价越高，佣金越高”为诱饵，诱使受害人增加本金投入。当受害人投入大量资金后，诈骗分子开始找各种借口拖延兑付本金和佣金，以各种系统卡单、转账延

* 作者单位：交通银行股份有限公司。

迟、账户冻结等理由让受害人继续加大投入，最终造成财产损失。

（二）虚假购物消费类诈骗

诈骗分子通过电商平台、聊天软件等渠道，以远低于市场指导价格售卖物品，利用被害人贪便宜心理引诱其上钩，在被害人付款后，再将其拉黑。疫情暴发期间，有关口罩、酒精、体温枪等防疫物资的非常规渠道售卖，相关诈骗案件基本均属于该类型。

（三）代办信用卡贷款类诈骗

诈骗分子通过网站、贷款 App、电话短信等渠道发布贷款、快速办理信用卡等信息，以“利息低、额度高、无抵押、无需担保、放款快”为幌子诱导受害人上钩；以业务办理手续费、保证金、利息费、办卡费、服务费、解冻费、资料费、包装费、会员费等理由，要求借款人提前转账付款，当钱款转入诈骗分子账户后，诈骗分子便立刻消失。

（四）网络交友诱导赌博投资类诈骗

诈骗分子通过社交应用、网络论坛、聊天版面等渠道与受害人做持续交流和互动，取得信任后，以掌握网络博彩、投资理财等网站交易后门可轻松赚钱为由，引诱受害人投资。小额返利引诱受害人增加资金投入，当获取大量资金入账后，诈骗分子便会拉黑受害人，关闭平台。

（五）冒充老板或亲友类诈骗

诈骗分子通过技术手段盗取他人社交应用账号、通信权限等信息，以该窃取获得的账密信息登录账号或模拟昵称头像创建仿真账号，并通过留言、播放视频、聊天录像等方式，以生病住院、出事借钱、要求公司财务人员转账等理由，让关联好友转款，实施诈骗。

（六）冒充网购客服退款类诈骗

诈骗分子冒充各种商家客服人员，以商品不合格、系统维护、交易未成功等需要退款为由，诱骗受害人登录钓鱼网站，获取银行卡账户密码信息，骗取交易验证码，盗取受害人卡内资金。

（七）网络投资理财类诈骗

诈骗分子通过制作虚假网页、搭建虚假交易平台，以高回报、高收益为诱饵，引诱受害人投资贵金属、期货、现货、理财产品等，通过系统后台调整投资业务曲线，骗取受害人投资资金。

（八）冒充公检法机关类诈骗

诈骗分子冒充公安局、检察院、法院工作人员，以涉嫌贩毒、洗钱、信用卡恶意透支、被他人盗用身份证后注册公司涉嫌犯罪等理由恐吓被害人，给受害人造成巨大的心理压力，再以检查全部银行资产为由，索要被害人银行卡账号密码，或者要求被害人将个人全部资金转到“安全账户”接受审查，以此骗取资金。

（九）冒充军警采购类诈骗

诈骗分子冒充部队采购人员，谎称要购买商品，需要受害人帮忙订货共同赚取差价，当被害人联系诈骗分子指定“商家”并垫付货款后，诈骗分子随即消失。

二、银行业反电诈工作难点分析

（一）开户意愿鉴别难

目前诈骗团伙呈现组织化、专业化模式，诱导偏远地区人员、在校大学生、社会闲散人员、低收入群体针对银行的开户审核标准提供身份证、手机号等，且均为本人实名办理，对于银行核实开户目的的话术也“对答如流”，若银行要求提供辅助证件或作进一步尽职调查时，则以投诉为由给银行施加压力。上述情况导致银行员工在开户前的尽职调查及对客户开户意愿真实性审核难度不断增加，一线员工面临严防涉案账户和做好开户服务的双重压力。

（二）风险账户核查难

目前，各商业银行面临着多渠道接受来自各方的可疑或涉案账户进行账户排查及管控的诉求，相关信息未有效进行整合。同时，对于企业和个人银行账户交易是否涉嫌欺诈，银行工作人员只能凭个人经验进行甄别，在风险账户的识别上存在主观性和不确定性。

（三）风险识别拦截难

银行建立风险信息平台，开发各类风险监测规则和模型，但反诈模型容易“钝”化，相关的参数阈值容易被犯罪分子通过分拆交易或变换特征等方式规避。同时，在实际运用中反诈监测系统以可疑信息事后核查方式居多，通过精准定位实施事中阻断的防控方式较少，且事后监测核查的结果未反馈至事前和事中进行系统控制，未建立全方位的涉诈风险识别和拦截机制。

三、加强金融科技在反电诈中的应用

（一）搭建全社会反诈信息共享数据库

1. 强化涉诈交易信息整合共享。依托公安机关获取的群众报案账号、查处的涉赌涉案账户以及金融机构监测发现的可疑名单等建立涉诈账户数据库，并按照可疑程度分类登记如："黑名单""限制类名单""可疑名单"等，对不同级别的账户采取不同的限制措施。建立"开户扫码"机制，当客户在网点办理个人银行账户开户、挂失补卡等身份验证业务前，上传相关身份信息，并同步核验客户本人身份证原件，确保人证合一。录入的客户信息将在后台与涉诈"两卡"高危人员进行实时比对，根据风险情况显示为绿码、黄码，作为银行账户风险分类分级的参考依据。显示绿码为低警示客户，在做好风险提示的同时，网点按常规流程开展客户身份识别并办理相关业务。显示黄码为高警示客户，应加强对客户身份的识别，对核实过程中发现存疑的客户，应及时与属地公安机关联系。网点如为其完成银行账户开立、挂失补卡或卡激活等基础业务后，应综合客户身份核实程度、账户分类分级标准等情况，对其银行账户采取限制非柜面渠道等控制措施。

2. 建立行业间客户信息脱敏交互和认证机制。针对开户真实意愿审查难的问题，建立行业间客户信息脱敏共享机制。例如，对于实名手机号、社保公积金信息、水气煤电公用事业缴费记录、居住证、工作单位、常用快递地址等信息，在一定程度上建立客户信息脱敏交互和认证机制。在用户进行账户申请时，通过AI分析模型给出参考评价，金融机构可根据评价结果进行不同程度的事前审核和尽职调查。

（二）推进异常账户核实清理

1. 有效治理"一人多卡（户）"及"长期不动账户"。持续推进排查清理同一人在同一银行持有超过规定数量的银行账户和长期不用账户。对于客户名下存在"一人多卡（户）"及"长期不动户"的情况经必要核实后，对超出规定数量的一类户视情况采取销户、降级、管控等措施，对个人长期不动户视情况采取销户或管控等措施，强化客户尽职调查，降低睡眠卡“复苏”涉案的情况发生。

2. 推进账户跨行核验机制。在持续推进对接跨行风险监测与账户核验平台系统，实现开户环节查询个人在全国范围内开立银行卡情况的基础上，强化跨行个人账户开户数量监测，通过跨行开卡核验机制切实落实个人账户分类分级管理要求。

3. 落实账户分类分级管理要求。银行受理银行账户业务时，在严格落实账户实名制的前提下，遵循“了解你的客户”原则，对客户身份、交易目的和用途等进行多方面核实。根据客户提交资料充裕程度以及客户身份、账户用途和交易目的核实程度等情况，细化账户功能配置或提供不同类别账户服务，实现对账户的精准化管理。

（三）强化涉诈风险监测和数据分析

1. 建立统一的风险数据平台。全面整合内外部数据，丰富数据采集渠道，拓宽数据采集来源。同时提取内部客户、账户及交易等方面的数据，通过基础数据的主题化、结构化、关联化，实现风险管理基础数据的“粗加工”，实现底层数据统一，外购数据信息共用，各类风险管理信息实现跨条线、跨板块集中，监测结果共享，充分利用大数据分析思维和数据挖掘技术，将定量分析与传统管理经验有机结合，为风险监测规则研发、数据挖掘分析和应用功能设计奠定基础（见图1）。

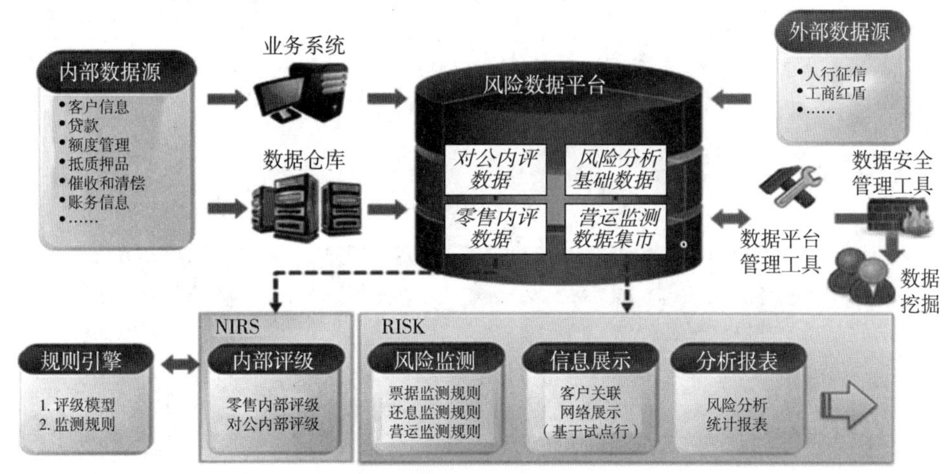

图1　风险数据平台结构示意图

2. 建立灵活的规则引擎平台。一是建设灵活的风险监测规则引擎。通过实施模块化、组件化的子规则，实现规则模型的灵活组合、便捷配置，大幅缩短风险监测规则应用的开发时长，提高应用效率。二是将规则设计、规则部署、效用返测等一系列规则管理的流程规范化、标准化、定量化，形成“设计研发—部署实施—优化调整”的灵活风险监测模式。三是引入机器学习、人工智能、大数据分析等技术，通过分析高发生类数据、高风险类数据及已欺诈定型类数据模拟欺诈事件全过程，搭建模型训练实验室，实现系统自动调优、矫正模型参数，持续“锐”化反诈模型，强化风险识别和预警能力。

3. 建立完善的风险识别及管控机制。以业务交易数据、客户背景资料等信息为对象进行大数据挖掘分析，丰富风险监测预警的构建模式，预测业务风险趋势、总结客户行为特征、捕捉风险事件线索，并在此基础上，对涉嫌电信诈骗等重点风险管控区域进行预警监测，建立完善的系统整体架构（见图 2），例如研发异常 IP 地址登录、集中转入分散转出、分散转入集中转出、异常时间段多发交易、拆分取现、资金快进快出、特殊时段异常开户、近似手机号码开户等风险监测规则，并运用智能外呼核实、异常数据下发网点核实、异常场景命中后自动管控等方式，对发现异常交易的账户及时采取管控措施。同时，在开户流程中嵌入反洗钱信息、异常信息校验并推送尽职调查任务的功能，对于电信诈骗异常特征如多账户同一法人、联系人、一址多户等异常情况，在开户环节进行强化跨条线交叉尽职调查。

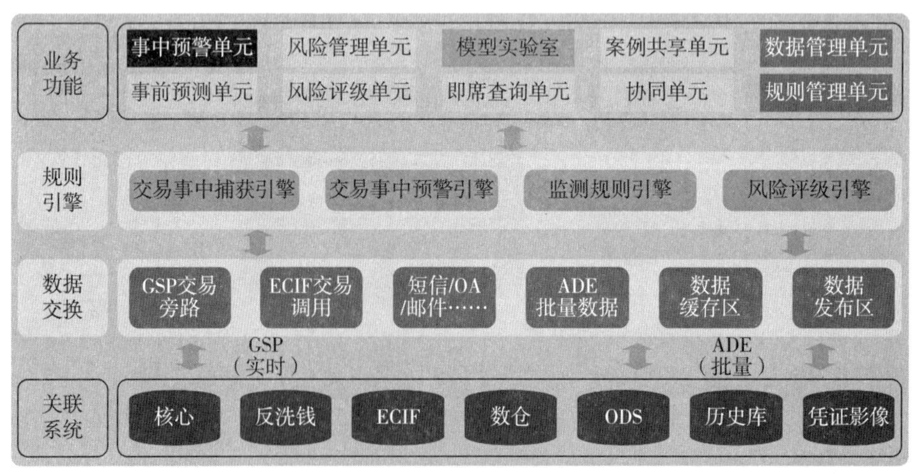

图 2　系统整体架构

（四）强化涉诈交易的实时拦截阻断

1. 涉诈名单应用。目前银行主要通过监管机构发布、监控举报、堵截积累、同业共享等方面获得可疑信息。银行根据各类数据的可疑程度进行分类管理，通过具体业务规则的综合判定及风险处置结果，形成名单数据（黑名单或者白名单），可将该名单数据接入外围渠道系统及核心系统，在交易过程中，可通过获得证件号码及客户账号信息进行核查及分类管控处理。如对于监管或司法部门确定为涉诈账户的立即进行暂封，对于受到举报或可疑程度高的进行交易控制或阻断，对于可疑程度低的进行渠道限制或堵截提示等，实现风险事中控制的目标。

2. 交易拦截和实时阻断（见图 3）。对于可通过事中规则判断方式实现风险事中控制的场景，按照前端信息输入—风险管理系统规则判断—反馈核心系统干预策略—核心系统执行干预策略的路径作为执行依据。干预策略主要包括正常放行、交易提醒、增加授权、加强认证、交易阻断等。例如，针对命中的涉诈名单库或异常 IP 地址等，实现线上交易的实时阻断、线下交易提示并增加授权。同时，针对可疑交易可通过暂时挂起的方式，增加认证环节，包括但不限于短信验证码、座席外呼、私密问题确认、挑战性问答等。通过数据分析后确定本笔交易符合预设风险点，可将相关的客户证件号、账号等信息纳入黑灰名单进行持续管控。

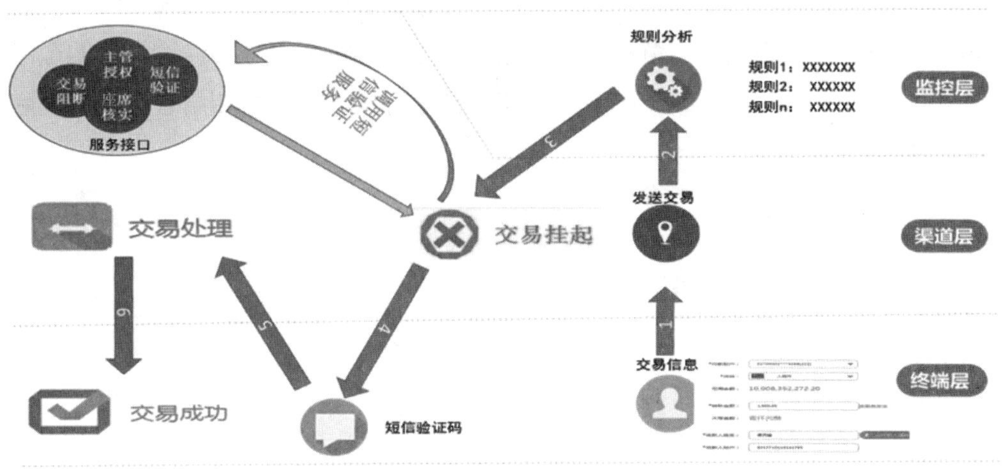

图 3　交易拦截和实时阻断示意图

（五）建立客户全生命周期的风险画像（见图 4）

建立单位及个人客户精准画像和统一风控模型，统一风险管控。一是要实现大数据和机器学习算法的充分应用，构建包含内外部数据的衍生变量库，实现精准、全面的客户画像，应用新算法提升模型预测能力，提升风控精准性。二是深入挖掘数据价值，在开户、签约、交易、信贷等客户全生命管理周期中对数据进行深入挖掘，形成可视化的客户画像，清晰展现客户风险状况、价值贡献等重要特征，建立高效、准确、多维、立体的客户识别体系。

图4　客户画像示意图

反电信网络诈骗工作具有长期性、艰巨性和复杂性，对其打击治理应联动全国各行业、各单位，建立系统及行业间的互联互通协同治理体系，建立健全反诈工作整体性和系统性的长效治理机制。同时，也需关注电信网络诈骗犯罪特征及其附带利益链条，强化新型科技手段的应用，健全风险识别、预警及处置的全流程防控，做到提前识别、精准预警、快速处置，将技防与人防相结合，筑牢金融反诈的安全防线。

《反电信网络诈骗法》背景下跨机构个人银行开户数量核验机制建设探究

文/向　阳*

摘要：当前，打击电信网络新型违法犯罪工作在相关部门的积极配合下已取得明显成效，其犯罪多发高发势头得到初步遏制。2022 年 9 月 2 日，十三届全国人大常委会第三十六次会议表决通过了《中华人民共和国反电信网络诈骗法》（以下简称《反诈法》），自 2022 年 12 月 1 日起施行。《反诈法》作为一部“小切口”的专门立法，明确有关部门、单位在反电信网络诈骗工作中应当密切协作，实现跨行业、跨地域协同配合、快速联动，加强专业队伍建设，有效打击治理电信网络诈骗活动。本文基于打击治理电信网络诈骗工作现状、金融监管部门履职的具体策略进行综合分析和趋势研判，探索如何推动个人银行账户管理的改革创新，研究如何构建合理的跨机构个人银行开户数量核验机制。

关键词：个人银行账户　开户　核验机制

一、跨机构个人银行开户数量核验机制建设的必要性和重要性

（一）顺应了国家颁布新法的时代要求

《反诈法》着力构建多主体立体化电信诈骗犯罪治理格局，除强调各方责任之外，还要求加强各主体之间的协调与配合，打好“组合拳”，使信息流转与行动部署畅通无阻，统筹协调相关体制机制构建。《反诈法》第十六条规定“中国人民银行、国务院银行业监督管理机构组织有关清算机构建立跨机构开户数量核

---

* 作者单位：中国人民银行嘉峪关市中心支行。

验机制和风险信息共享机制，并为客户提供查询名下银行账户、支付账户的便捷渠道"。因此，加强顶层设计，建立跨机构开户数量核验机制，既是落实新法规定的重要举措，更是落实时代要求的重要体现。

（二）顺应了监管部门制度建设的客观要求

在金融加速创新的环境下，进行个人银行账户管理是防范金融安全风险的需要。《中国人民银行关于做好流动就业群体等个人银行账户服务工作的指导意见》指出，"中国银联组织各银行探索提出跨行开户数量查询核验方案，牵头建立行业风险监测机构，实现银行在开户环节查询个人在全国范围内的银行账户情况，监测个人跨行大量开户行为"。中国人民银行办公厅与公安部办公厅联合印发的《电信网络诈骗和跨境赌博"资金链"治理工作方案》也明确要求建立跨行风险监测及银行卡核验机制，实现查询个人在全国范围内开立银行卡情况，研究限制个人大量开立银行卡、支付账户。探索跨行开户数量查询核验建设，强化各银行内部数据的统筹运用，有效提升风险监测能力，顺应了监管部门制度建设的客观要求，也为银行机构在贯彻了解你的客户（KYC）原则上提供数据支撑。

（三）顺应了银行机构为民服务的本质要求

当便捷支付大行其道，大量个人银行账户却长期闲置，变为被人遗忘的"睡眠卡"。《中国人民银行关于改进个人银行账户服务 加强账户管理的通知》要求，"建立健全个人银行账户数据库。银行应建立健全以存款人为中心的个人银行账户管理系统，按照公民身份号码、护照号等实现对个人银行账户的统一查询和管理。对于存款人为非中国居民的，银行应按照存款人国籍（地区）进行标识并实现对非中国居民银行账户的分类查询和管理"。通过建立健全个人银行账户数据库，可确保个人对其名下银行账户信息及数量的充分知情权，促进数据协同环节的规范和发展，体现出银行机构为民服务的责任担当。

二、跨机构个人银行开户数量核验机制的三维视角

（一）以监管视角审视：牵引效应

探索跨行开户数量查询核验，实现银行在开户环节查询个人在全国范围内的银行账户情况，监测个人跨行大量开户行为，有利于进一步做好个人银行账户管理工作。因此，推进跨机构个人银行开户数量核验机制建设是对做好个人银行账

户服务的具象化举措，更是国家对银行业发展提出的时代要求。

电信诈骗事件频发，银行业监管机构及公安司法机关为维护社会稳定，加大了对这类行为的打击力度，在一定程度上对银行机构提出了更加严格的要求，而从整个账户管理的角度来分析，强化个人银行账户管理是未来金融行业发展的必然趋势。这样做的主要目的是降低发生金融风险事件数量，通过个人银行账户管理的不断深入，来打击整个业务范围内的违法犯罪活动。

面对日趋多元化、个性化的支付服务需求，银行业不断创新业务模式，拓宽支付领域的广度和深度。在新的业务模式下，现行个人账户管理制度在落实实名制、账户分类方式、代理开户、大批量开户等业务管理方面都存在一定的滞后性。而推进跨机构个人银行开户数量核验机制建设则是破解这一难题的重要手段之一。

（二）以服务视角审视：溢出效应

个人银行账户管理已成为商业银行经营和管理活动实践的主要落脚点之一，正日益受到外部环境的影响，银行业需通过进一步完善管理模式与机制建设，以改善客户体验并实现对行业价值的再创新。目前，伴随各行各业互通通道的加快建设，数据资源在跨组织的交流互通过程中得到较大便利的使用，也大大提高了组织间对数据资源需求标准的大幅度提升。跨机构个人银行开户数量核验机制则恰好可以利用并强化“溢出效应”带来的正能量，加大金融科技的运用，通过银行间的个人账户信息数据整合，为客户打通一次性查询银行卡渠道，提升客户服务体验，进一步便利个人银行卡查询，不断优化个人银行账户服务，让便利化办理银行账户业务成为常态。

同时，跨机构个人银行开户数量核验机制还可实现银行在开户环节获取开户申请人在全国范围内银行账户情况的优势。它可以通过本银行数据库、商业化数据库等新型数据平台的联合组建，采取多种手段对开户申请人身份信息进行多重交叉验证，监测开户申请人是否存在跨行大量开户行为，使银行间跨越式交流的通道得到了有效拓宽，发挥出其自身所具备的纽带功能，使各银行间建立起联系桥梁，从而形成滚雪球效应，全方位构建出安全可靠的核验机制。

（三）以使用视角审视：鲇鱼效应

人民银行数据显示，截至 2022 年第二季度末，全国银行卡共 91.10 亿张，人均持有银行卡 6.45 张。银行卡的高速发展对拉动经济、提升消费等方面发挥了重要作用，但也暴露出很多不容忽视的问题。2022 年半年报告显示，各大银行的发卡量、信贷余额、交易规模等核心指标仅有个位数增长，不少银行的信用卡业务已停滞不前，甚至出现负增长，而被部分持卡人遗忘的“睡眠卡”则是其原因之一。

名下有几张卡？哪些卡还有钱？哪些卡是睡眠卡？哪些卡还能用？去一家银行能否查询到全部信息？结合群众使用需求及打击治理电信网络诈骗形势所需，2021 年 12 月，人民银行指导中国银联联合商业银行基于银行业统一 App 云闪付试点“一键查卡”功能，打造统一查询途径，向公众提供银行卡数量、每张卡的银行名称、借贷记属性、脱敏卡号等信息的查询，在确保信息安全的前提下，解决群众对于跨行银行卡账户查询的诉求，强化自身银行卡管理。

云闪付 App“一键查卡”作为“反诈利器”，不仅是有效防范电信网络诈骗活动的一个重要手段，成为广大群众构筑防诈反诈“防火墙”，还能推进解决名下账户查询难等账户问题。“一键查卡”值得在更高层次、更广范围内进行延伸与推广，从而演变、建设为跨机构个人银行开户数量核验功能。如丢入沙丁鱼堆中的鲇鱼一般，将有效地使商业银行、人民群众在个人银行账户管理工作中活起来、用起来。

三、跨机构个人银行开户数量核验机制建设的思路

机制建设离不开实践体验。相关清算机构在建立跨机构开户数量核验机制和风险信息共享机制的过程中，应重点围绕平台优势与特点，通过纵向、横向、内外联动，全力打造行内、行行、行外协同，探索建立跨机构开户数量核验机制建设水平的工作方式和途径，形成一套适合在《反诈法》背景下各个银行之间密切协作、统筹配合的反诈防诈账户管理工作新体系，努力在全面履行金融服务职能中积极参与制度创新，运用技术规范，加大账户工作全链条科学化管理。

从外部看，将银行账户管理系统与市场监管、税务、海关、司法等部门系统进行联通，实现个人相关信息的查询、共享以及异常交易风险信息的反馈、提示。从内部看，将银行账户管理同银联、反洗钱联系起来，建立健全部门间的数据共享交互机制，及时共享账户风险信息，做好风险排查和预防工作（见图 1）。

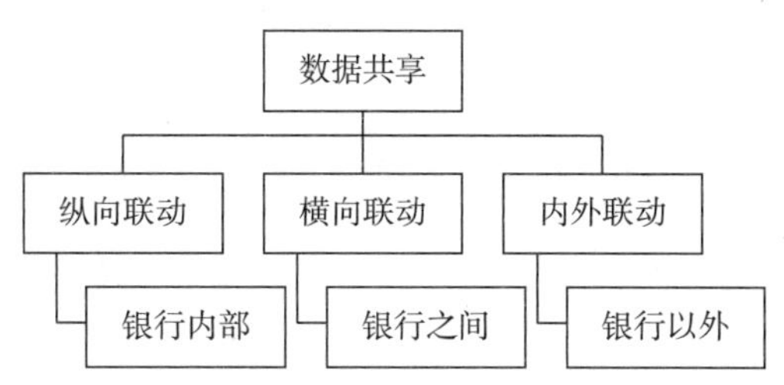

图1　数据共享交互机制分流图

（一）纵向联动，打造行内协同

纵向联动是指打造商业银行内部的联动机制（见图2），银行应以《反诈法》施行为契机，全面梳理相关业务制度，重构银行制度体系，使跨机构开户数量核验机制能够从本银行做起，为所有客户提供科学、全面、系统的反诈宣传讲解与账户管理服务，获得客户的理解与支持，做到客户在开户管理环节就具备合法、合规、合理使用银行卡的意识以及基础的反诈技能。为此，商业银行应着力强化开户数量管理，努力在各部门中切实树立“一盘棋”的部门协同思想。

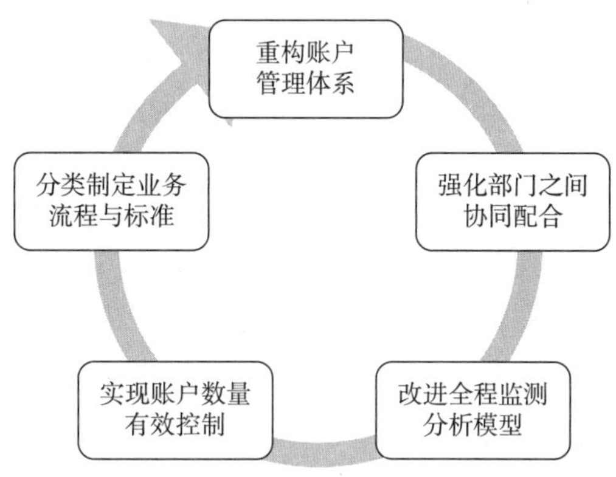

图2　银行内部的联动机制建设流程

宜探索运用大数据、信息技术等科技手段，开发适合各自实际的监测分析模型，依据客户防控需求，量身定制查询模式及查询数量，加大异常账户的全程监测分析，强化账户资金全链条管理，努力从源头上防控风险；推进系统升级改造，完善开卡数量、代理开卡待激活、销户、批量销户等功能，为执行限卡数量、清理存量借记卡等工作提供技术支持，实现单个客户账户数量的有效控制；转变以开户数量为导向的内部考核体系，有效评估客户开户数量的合理性，重点关注超出正常需求的大量开户行为，严格落实有关开户数量限制规定；统一本行客户与非本行客户业务流程和标准，平衡成本、客户体验和风险控制，提升非本行客户开户体验。

（二）横向联动，打造行行协同

提升银行账户管理水平单靠商业银行单打独斗是远远不够的。各银行间在内部成立相关机制的基础上，不妨加强不同银行间的合作与互通，强化数据流通与资源整合，打造适合不同银行不同类型客户之间信息互通项目，形成“开户前系统核验—是否存在异常行为—在合理条件下即可开户”的良性机制（见图3）。这种机制实际上还是一种账户管理共生链，加强了开户效率，在银行账户管理的第一个环节即可做到有效防控。例如，在当前银行机构治理电信诈骗“资金链”工作的过程中，如果允许数据在合理条件下进行互通，使资源与人力能在更大范围上实现集聚与过程简化，就会大大提升开户数量核验机制的效率，进一步方便开户银行对风险客户的深入了解与风险源头把控的行为碰撞。

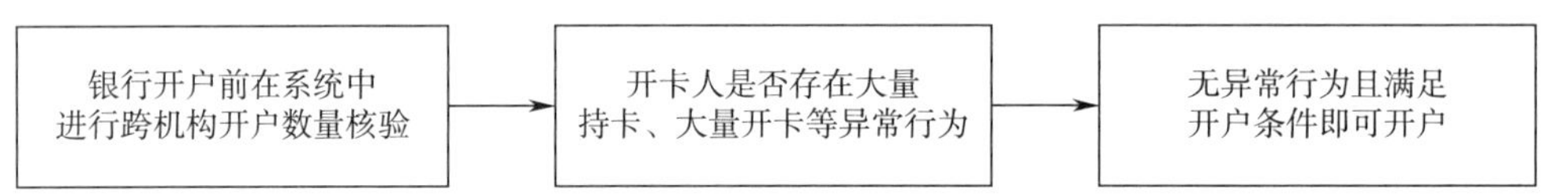

图3　横向联动下的个人银行账户管理共生链

横向联动还可促进金融行业数据一体化的进程。行行之间的数据整合将更多数据汇聚到服务工作中，在更大范围上建设起个人银行账户信息数据库，利用科技赋能，便利个人银行卡查询与监测个人异常开户行为。

监管部门可出台相关配套的指导意见，对商业银行个人账户数量进行非强制性的指导，客户在银行提交开立个人账户申请后，银行可以根据个人账户申请者实际情况进行评估，通过计算模型得到实际的输出结果。根据输出结果，参考模型推荐数量，动态确定个人银行账户数量，避免账户资源和金融资源浪费。

商业银行通过行业风险监测机构或银行账户管理系统查询客户已有账户数量，在无特殊需求的前提下，以个人银行开卡数量上限为基准，对个人银行开户数量进行指导和控制。加快“一键查卡”推广工作，各商业银行应形成银行业自主管理、成员贡献经验的跨行核验机制。

（三）内外联动，打造行外协同

《反诈法》规定国务院建立反电信网络诈骗工作机制，统筹协调打击治理工作，“实现跨行业、跨地域协同配合、快速联动，有效防范电信网络诈骗活动”，体现出深厚的协同治理的理论色彩。协同治理理论是一种交叉型理论，常用于与国家公共事务相关的管理及治理活动中，对于电诈反诈治理实践也有着重要的理论指导。在传统的组织化调控体系中，电诈犯罪治理往往依托政法机关以事件性治理为代表的事后回应模式，而《反诈法》则是一部急用先行的预防性法律制度，该法律制度实现的关键在于通过市场主体在通信治理、金融治理和互联网治理三个层面上开展前端防范。

内外联动体现着清算机构真正在搭建跨机构开户数量核验机制的过程中引入综合化操作的理念，它将银行客户各种碎片化的资源连接起来，在统一机制安排下构成一个数据库。在行外协同生态圈中，可采取“总对总”的模式，建立各自的信息查询控制系统，自上而下推行，为后续反电信诈骗相关系统的开发、监管、升级和发展提供统一的平台基础。

作为“反诈守门人”的银行业金融机构，应积极与市场监管、公安、税务、社保、公积金、通信运营商、政务服务等部门合作，利用市场主体登记、户籍、公积金、手机号实名、水电煤气公用事业缴费等方面进行信息交叉核验客户身份，为银行机构动态识别客户身份提供可靠数据支撑，丰富银行之间账户风险防范措施，打破账户管理中的“信息孤岛”局面，形成信息齐共享、数据全覆盖、监管无死角的个人银行账户管理格局。

金融工具

商业承兑汇票助力实体经济发展痛点探究

文/孔维荣*

摘要：商业承兑汇票具有汇兑、支付、结算、融资等多种功能，是后疫情时代下支持实体经济发展、破解民营和小微企业融资难题的有效支付工具。本文通过研究近年来甘肃省商业承兑汇票业务发展现状，总结归纳业务发展特点，发现甘肃省商业承兑汇票业务面临市场需求差异大、签票企业地位强势、企业信息不对称、拒付风险较高等问题，建议从加大与供应链融合力度、探索信用叠加模式、加强政策支持力度等方面畅通商业信用传导路径，充分发挥商业承兑汇票助力实体经济发展作用。

关键词：商业承兑汇票　实体经济

一、甘肃省商业承兑汇票业务发展现状

（一）业务量占比较小

甘肃省商业承兑汇票业务量远小于银行承兑汇票。2022 年，甘肃省商业承兑汇票承兑发生额 87.12 亿元，贴现发生额 28.56 亿元；银行承兑汇票承兑发生额 1183.74 亿元，贴现发生额 845.64 亿元。商业承兑汇票承兑与贴现发生额分别占商业汇票发生额的 6.86%、3.27%。商业承兑汇票以商业信用为基础，在市场接受度与交易活跃度上远低于有银行信用作保障的银行承兑汇票。

* 作者单位：人民银行兰州中心支行。

（二）用票企业数稳步增长

近年来，人民银行兰州中心支行积极指导银行机构加大票据业务宣传力度、优化票据业务流程，成功推动辖内票据市场转型升级，全省商业承兑汇票业务运营环境极大改善，用票企业数量逐年攀升，甘肃省商业承兑汇票市场活力不断提升。2019 年至 2022 年，甘肃省办理商业承兑汇票承兑业务的企业数从 148 家增加到 203 家，年均增幅达 11.11%，办理商业承兑汇票贴现业务的企业数从 79 家增加到 247 家，年均增幅达 46.23%。

（三）贴现业务增速明显

商业承兑汇票融资功能不断强化，缓解了甘肃省中小企业融资难、融资贵问题，票据服务实体经济，尤其是助力中小微企业发展的效果明显。2022 年，甘肃省商业承兑汇票贴现发生额 28.56 亿元，同比增长 16.67%。其中，大型企业商业承兑汇票贴现发生额 5.18 亿元，占全省发生额的 18.14%。中型、小型、微型企业发生额分别为 11.85 亿元、5.55 亿元和 5.98 亿元，合计占全省发生额的 81.86%。

（四）行业集中度较高

甘肃省商业承兑汇票业务主要集中于制造业、批发和零售业、房地产业、建筑业四大行业。2022 年，四大行业商业承兑汇票承兑发生额占比分别为 25.65%、17.44%、16.21% 和 11.67%，总计 67.97%。2019 年以来，制造业、批发和零售业和建筑业商业承兑汇票承兑发生额稳步增长，但在国家“房住不炒”等政策调控和行业风险事件影响下，房地产行业用票需求相应减少，甘肃省房地产业商业承兑汇票承兑发生额占比从 54.37% 下降到 16.21%。

二、甘肃省商业承兑汇票业务发展着力点

（一）以助力实体经济发展为核心

商业承兑汇票集支付结算、信用传递、融资便利等功能于一体，是天然服务于实体经济的支付工具。近年来，面对严峻复杂的经济形势特别是新冠病毒疫情重大冲击，人民银行兰州中心支行积极落实减税降费政策，推动企业复工复产，同时鼓励票据产品创新，拓宽企业融资渠道，逐渐形成商业承兑汇票不断助力实体经济发展的良好局面。2019 年至 2022 年，甘肃省商业承兑汇票承兑业务涉及

行业数从11个增加至16个，贴现业务涉及行业数从7个增加至12个，行业覆盖面逐渐扩大，业务规模也呈稳步上升趋势。

（二）以产品创新为重要手段

2010年，电子商业汇票系统正式推广上线以来，甘肃省电子商业汇票业务推广工作取得了良好成效，截至2022年末，甘肃省商业承兑汇票承兑业务电子化程度已连续三年保持100%。商业承兑汇票电子化程度的加深也推动了业务的线上转型，甘肃省商业承兑汇票业务进入产品多元化创新发展阶段。民生银行兰州分行“票据包买”产品，在授信额度和一定期限内以商定的贴现利率，对符合标准的客户签发、持有或背书转让的商业承兑汇票予以贴现，2019年至2022年，“票据包买”共办理商业承兑汇票贴现业务33笔，金额3.71亿元。中信银行兰州分行普惠型商票贷业务为辖内小微企业客户办理商业承兑汇票质押业务，全流程线上操作，快速发放贷款资金，2022年，商票贷产品共计为79户小微企业发放贷款105笔，金额1.87亿元。

（三）以供应链金融为发展方向

甘肃省商业承兑汇票结合供应链金融的业务创新发展模式进入起步阶段，各银行机构结合本地产业结构特征，积极探索商业承兑汇票业务与甘肃供应链金融的契合点，由点及面扩大创新模式应用覆盖面，将融资便利性延伸至链上部分长尾企业。招商银行兰州分行、兴业银行兰州分行依托上海票据交易所搭建自有供应链票据平台，有效解决了部分链上客户融资痛点。2021年8月31日，招商银行兰州分行成功落地甘肃省首笔银行平台供应链票据业务1730万元，截至2022年末累计办理金额1.88亿元。

三、商业承兑汇票助力实体经济发展痛点分析

（一）市场需求存在差异，商票使用规模较小

签发商业承兑汇票需缴纳一定比例的保证金，且占用企业在银行机构的授信额度，买方企业更愿选择应付账款的形式延长结算期限。同时，商业承兑汇票低流通性和高贴现难度无法满足卖方企业现金流需求，市场接受度大大降低。买卖双方企业的使用需求差异导致商业承兑汇票业务使用规模较小，无法充分发挥服务实体经济功能。银行承兑汇票具有风险低、流通性好的优势，更受市场青睐。

2022 年，甘肃省银行承兑汇票承兑业务金额为商业承兑汇票的 13.59 倍。

（二）签票企业地位强势，盘剥中小企业利益

商业承兑汇票签票企业一般为产业链中话语权较强的核心企业，自上而下的产业链流转模式导致商业承兑汇票一步步转让至产业链末端，延长的收款期限最终被转嫁至风险承受能力最低的企业。持票人也可选择以贴现的方式获取融资，但商业承兑汇票贴现利率一般高于银行承兑汇票贴现利率或银行信贷利率，不利于提高中小企业商业承兑汇票贴现的活跃度。这种企业规模与融资成本错配的情况是市场生态的必然，在一定程度上增加了中小企业坏账风险，限制了其良性发展的潜力。最新数据显示，商业承兑汇票最低贴现利率为 6%，远高于 1.8% 的银行承兑汇票最低贴现利率。

（三）企业信息不对称，信用机制不健全

在行业竞争、政策环境等多种因素影响下企业经营状况存在不稳定性，加上商业承兑汇票签票企业较高的行业集中度易发生周期性信用风险，持票人无法在持票前或期间及时、准确知悉承兑企业经营及信用状况，这种信息不对称下的兑付道德风险难以避免。中国人民银行于 2021 年 8 月出台《商业承兑汇票信息披露公告》，2022 年 11 月 18 日发布《商业汇票承兑、贴现与再贴现管理办法》，有效规范了商业承兑汇票信息披露行为，但各市场主体信用机制仍需进一步配套完善。

（四）商票违约成本低，拒付风险较高

《票据法》对付款人故意压票、拖延付款行为，要求付款人依法赔偿持票人损失，金融行政管理部门处以罚款，对直接责任人给予处分。但现实中罚款及处分措施执行较少，付款人违约成本较低。因经营不善导致的商业承兑汇票拒付行为一旦发生，追索、处罚等事后措施无法有效弥补持票人经济及时间损失，持票企业将陷入流动性短缺甚至更大的困境当中。2021 年 7 月，某房地产集团债务危机爆发，2 万亿元负债中超过 2000 亿元商业承兑汇票面临拒付风险，危机迅速波及上下游众多企业，部分持票人至今还在通过诉讼等途径争取自身合法权益。

四、相关建议

（一）加大与供应链融合力度，精准对接链上企业用票需求

一是加强商业承兑汇票业务产品创新。各银行机构应结合供应链资金结算特

点，积极探索符合链上各主体需求的支付模式，创新商票业务产品，充分发挥商业承兑汇票支付结算、融资便利、信用传递等多重功能，满足企业多样化需求。二是引导企业开票意愿。各银行机构应积极拓展商业承兑汇票客户群，加大优势宣传力度，引导核心企业改变观念，着眼于自身业务可持续发展及产业链高质量发展，提升开票意愿。三是推动应收账款票据化。供应链上各核心企业应从产业链整体利益出发，避免使用应付账款等挂账方式结算资金，合理应用应付账款票据化方式优化经营模式，改善产业链债务关系，实现整体利益最大化。

（二）探索信用叠加模式，畅通商业信用传导路径

一是推广“企业 + 银行”信用模式。当商票承兑人信用不足以支持商业承兑汇票快速流通时，出票人可利用“企业 + 银行”信用模式，在企业授信额度充足、财务状况良好的情况下，与银行机构合作开展商业承兑汇票保贴、质押授信等业务，利用银行信用优势畅通商业信用传导路径。二是探索“企业 + 企业”信用模式。引入信用良好的大型企业作为商业承兑汇票承兑保证人，为持票人权益提供双重保障，提升商业承兑汇票融资便利度，缓解中小企业融资难、融资贵等问题。

（三）加强政策支持力度，引导商票市场良性发展

一是通过再贴现等货币政策工具，引导银行机构积极开展商业承兑汇票融资产品创新与业务拓展，培养市场主体商业承兑汇票交易结算习惯，提高市场主体使用商业承兑汇票的意识。二是完善票据信用评价机制，有效整合票据信息披露、征信系统等平台现有企业信用信息，在控制中小企业参与成本的前提下，探索建立商业承兑汇票综合评价体系，有效衔接商业承兑汇票贴现等银行授信环节，优化商业承兑汇票流通环境。三是完善法规制度，对于延压金额较大或拒付票据较多的企业，除处分、罚款等措施外，可适当采取限制提供银行、证券等金融服务的方式，加大对故意延压账款行为的惩戒力度，优化商业承兑汇票流通建设。

‖ 案例研究 ‖

跨境支付赋能企业共享价值

——以空中云汇为例

文/陈克炎*

摘要：在全球疫情反复、国际局势不稳定、经济承压前行的背景下，跨境出海面临严峻挑战，新型跨境支付平台将作为赋能者，为出海企业提供强大助力。本文先从六个角度阐述我国进出口贸易面对的具体挑战；再从收付方视角、清算网络视角总结现有跨境支付服务面临的问题，提出未来发展的四个机遇；最后从Airwallex空中云汇的产品架构、生态网络、运营风控以及服务体系四个角度深度解析新型跨境支付的运作机制及其对于出海企业的价值。

关键词：出海企业　进出口贸易　跨境支付

自新冠病毒疫情发生以来，伴随局部地区纷争不断，世界经济面临各种不确定性冲击，全球供应链备受影响。从上游的大宗商品原材料和能源，到中国制造的出海和配套物流服务，不断地发生价格波动加剧，甚至供应中断的情况，全球供应链变得异常脆弱。大规模的外部冲击对跨境出海行业提出了严峻考验，出海企业不得不承受外部冲击，并在冲击中寻找新的发展机会。

跨境支付是出海业务全球化发展的基础。当前跨境支付面临延时风险、成本高企等诸多问题。新型跨境支付平台的建立，有助于出海企业打破地域、行业、模式局限，更快进行全球供应链的布局，更方便地开展业务模式迭代，应对供应链冲击。

* 作者单位：空中云汇（上海）网络科技有限公司。

一、出海企业面临的六大挑战

中国的货物贸易进出口行业承载了数十万亿元的生产总值。尽管遇到了一系列的挑战，中国的进出口依然保持了相对稳健的发展。在2021年全球疫情暴发的高点，中国供应链充分弥补了全球供应链中的卡点和断点，在全球优势明显。

根据海关总署的数据，2021年，中国整体的进出口额实现了21%的年度增长，2022年更在此基础上进一步增长7.7%，达到42.07万亿元，创下历史新高。但这并不代表没有隐忧，其中的挑战包括市场需求波动大、综合成本高企、国际物流价格不稳定、数字营销模式陈旧、各国监管收紧、酒店旅游复苏缓慢、金融科技赋能不足等多个方面。

（一）跨境电商：市场需求波动、成本高企

全球进出口端市场需求面临增长压力。以海外电商平台巨头为例，亚马逊、Shopify、eBay等在2022年均出现增长放缓，甚至负增长现象。负增长背后的实质是全球经济的滞胀衰退，以及电商平台模式在过去多年依靠流量红利快速增长后所展现出的疲态。在国内市场，由于供应链物流受阻，以及受疫情所致的消费滞后，尽管2022年我国整体进出口总额有一定增长，但国内的需求端同样也承受着不小压力。

在成本端，由于整体供需不平衡，大量跨境进出口企业面临物流成本增长压力。新冠病毒疫情之前，跨境出海的平均物流成本在10%以下，总体来说在可控范围内。但在疫情高峰阶段，物流成本增长超过50%，在整体销售额中的占比上升到了15%以上。

与此同时，海外的监管机制、本地运营要求也相应收紧。欧洲从2021年开始实施增值税税改，针对大量跨境电商的小额商品加征了20%的增值税（Value Added Tax，VAT）。跨境电商出口的整体运营成本无疑会随之水涨船高。成本上涨部分被转嫁给消费者，对需求端造成了反向挤压，而出口企业自身也承受了不可小觑的成本。

（二）国际物流：重归供需平衡，服务水平依然差异巨大

2022年，随着全球疫情相对缓和及供需的逐渐平衡，整体海运指数已经回到疫情前比较正常的水平，但国际物流仍没有回到以往的发展轨道。

全球疫情和供应链的不稳定造成首程和尾程承担着整体物流时效中与运输距离不成比例的时效占比。更有甚者，当货物到达目的地时，却没有办法清关和进行尾程物流的派送。2022 年 7 月，美国西海岸的众多港城经历了罢工，造成整体吞吐量下降，同时对尾程物流时效造成了不可消除的影响。

越来越多的物流企业希望选择更加高效的海外运营体系，使整个跨境电商的小额高频物流变得集中，以便提升整体效率。因此，海外仓成为多家物流企业的优先选择。类似于国内做新零售需要有前置仓，海外仓对于跨境贸易的履约能力提升至关重要。但同时它需要非常高的前期资本投入，需要从软硬件到管理体系的全面升级，降本增效依然是待解决的问题。

（三）数字营销：依赖平台流量，营销科技、品牌策划等增值服务渗透率低

跨境货物贸易中的一个重要成本项是营销。众所周知，数字营销是数字化时代产品服务销售的关键渠道。数字营销费用的增长在过去两年与中国进出口的货物贸易增长保持先慢后快的一致节奏。

增长背后依然存在隐忧。目前全球主要发达国家和经济体都进入线上流量发展的瓶颈期。几乎所有流量都集中到互联网巨头，如 Meta、Google、Tiktok 等，而平台本身也面临流量成本迅速上涨的问题。同时，受个人数据与隐私保护监管收紧影响，广告投放企业越来越难在流量中精准定位目标客群。这两个因素导致全球广告投放企业获得同等质量客群的流量成本不断上涨，从而增加了货物进出口贸易整体成本。

另外，大量的数字营销公司对广告代理的业务模式高度依赖，在营收上对互联网巨头的依赖度超过 90%。数字营销公司所提供的增值服务，如软件服务和创意设计，在营收中的占比小于 10%。长远来看，只有提升创意人才储备和系统建设研发能力，才可能提升数字营销服务的附加值。但在今天市场需求大幅波动的情况下，数字营销的转型升级之路充满着不确定性。

（四）创作者经济：巨大潜力驱动基础设施升级，监管收紧对合规运营提出新要求

过去的 5 年里，全球范围内的创作者经济爆发式增长成为热点。疫情期间，由于更多人选择居家办公和生活，无法线下消费和体验，线上创作内容、消费内容成为人们非常重要的消遣方式之一。

全球创作者的营销收入在过去 5 年保持了近 50% 的高速增长。2022 年海外

市场疫情管控措施放松之后，线上流量虽然增长放缓，但创作者经济的规模仍然保持着近20%的增长（见图1）。

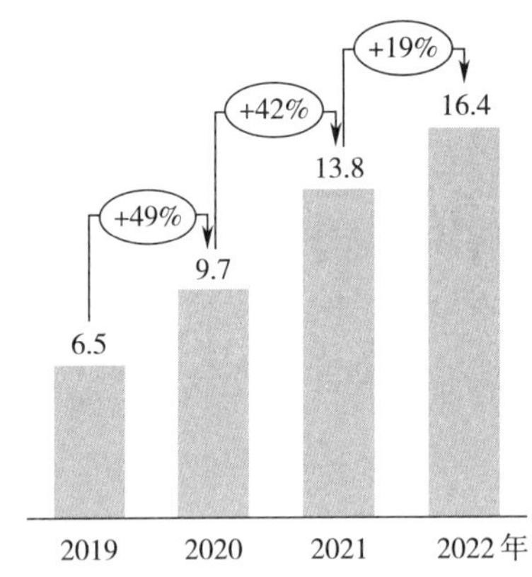

图1　全球创作者营销收入规模（十亿美元）

（数据来源：Influencer Marketing Hub，Refersion）

全球创作者经济相关企业的总估值已经高达千亿美元，可见这是一个非常可观的新兴行业。参与其中的头部创作者获取了超过40%的收入，但更多中腰部、尾部创作者的潜能还没有得到充分挖掘，这也是过去几年中，每年都有数百个创作者经济领域的创业公司涌现的核心原因。这些创业公司通过搭建平台、提供工具、辅助运营，推动创作者经济在全球范围内快速发展。

但各国对于创作者经济的监管也存在很多不确定之处。例如，过去几年里，Tiktok曾在巴基斯坦遭到4次封禁，在印度和美国等对于我国出海企业管控更严格的市场中遇到的挑战更是不计其数。面对海外市场监管和显著放缓的流量增长，如何更加合规和普惠地发展、参与创作者经济，成了平台和每个创作者都需要直面的问题。

（五）OTA：复苏之路漫长，告别不计代价的增长，通过模式创新提升运营效率

除了创作者经济这样的新兴行业，在服务贸易中还有相当大的比重来自线上旅游平台（OTA）。OTA由于其平台效应汇聚了大量流量，快速挤占了传统线下旅行社的代理市场。但OTA的快速发展进程被疫情阻断，从2020年开始萎缩，到2022年才逐步复苏。

新型模式OTA相较于传统OTA而言有更快的复苏速度。根据2021年的数据，共享住宿领域的领导者Airbnb恢复速度显著快于Booking. com、Expedia等传统的 OTA 平台。在复苏的过程中，传统的 OTA 模式尽管能够享受市场增长的红利，但酒店航空公司等最终履约主体在疫情期间已形成巨大亏损，在复苏大势下也不愿意让出太多利润推动市场增长。酒店航空公司与 OTA 的利益争夺将上升到新的高度，让 OTA 的复苏之路更加漫长。当前，OTA 需要提升整体运营效率，通过新模式新技术，进一步激发自身在整个环球商旅市场中的潜力。

（六）金融科技：投资热情冷却，聚焦专业赛道，开放金融赋能

全球金融科技赛道在过去几年中经历了集中爆发到快速冷却的阶段，但金融科技对于金融服务实体经济，包括对跨境支付的赋能价值仍有巨大挖掘空间。

疫情之前，全球金融科技领域的投资额每年均超过千亿美元，但在疫情开始后投资规模快速收缩。抛开投资市场的不理性，真正发挥价值的始终是与实体经济高度相契合的金融科技场景与产品功能，嵌入场景会是金融科技未来的核心发展方向。从技术视角来看，软件即服务（SaaS）或者说一切皆服务（XaaS）是未来最主要的模式，能够激发金融科技赋能场景的价值。

2022 年是转折的一年，未来有众多的不确定性，出海企业均遇到了共性挑战：如何进一步提升效率和抗风险能力；如何应对突发外部冲击带来的预算外成本；如何在各个市场中找到需求的确定性，挖掘第二增长曲线；如何与生态合作伙伴共同开发创新机会，创造更利于创新的发展土壤。

二、现有跨境支付服务面临的问题与机遇

（一）收付方视角：C 端主导支付场景创新频出，B 端期待功能革新

跨境支付的场景可以从收付两端的视角做四象限切分。从支付体量和营收规模来看，B2B 支付无疑是交易量最大的细分市场，B2C、C2B 也相对成规模。C2C 细分市场体量较小，本地化、场景化程度高，服务成熟，但较为分散（见图 2）。

付款方是真正驱动支付场景的一端，是用户体验端得以升级改善的原动力。因此，C 端需求推动 C 端主导的支付场景持续创新。从 Visa、Mastercard 等国际卡组织，到各类电子钱包、挑战者银行[①]（Challenger Bank），发展线上、移动支

① 挑战者银行定义为任何企图优化传统银行目前运作方式的公司。它们通过一系列高度数字化的新产品和服务、新的客户服务渠道、新的流程和 / 或高度个性化利用新技术优势，挑战了传统银行业的流程。

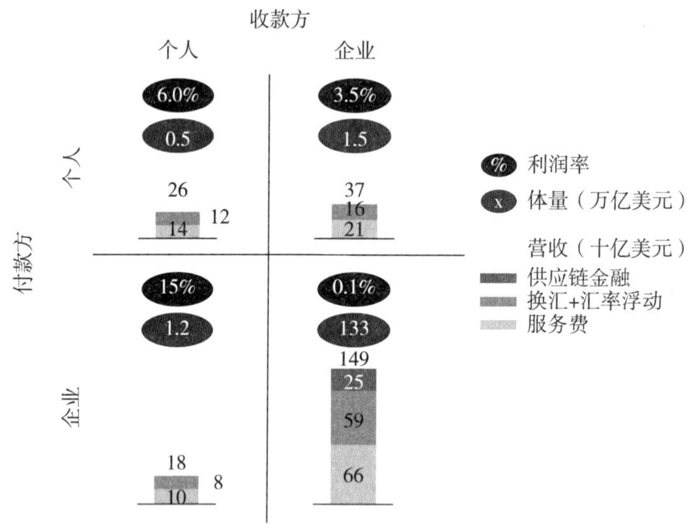

图 2　全球跨境支付体量和营收

（数据来源：McKinsey）

付新体验成了 C 端主导支付场景的主旋律。实时清算、无卡支付、非接触式支付、生物识别等创新技术应运而生。C 端开户的流程通过移动端即可自动化实现，同时支付功能与各种个人消费生活场景都做了深度嵌入，实时完成。另外，更多金融科技公司的进入也使得个人普惠金融达到了前所未有的高度。时至今日，无论是在传统发达国家和地区，还是在中国，或是在南美洲、非洲等欠发达地区，大量金融科技公司都在为没有银行账户的个人提供普惠金融服务。毫无疑问，C 端主导支付场景为 C 端创造了巨大的共享价值。

在 B2B 和 B2C 场景中，这样的支付共享价值还远没有实现（见表 1）。

表 1　支付共享价值比较

	C2C/C2B	B2B/B2C
时效	✓跨境最快 T+1 ✓实时风控	• 跨境不可控 • 延时风控，复杂交易规则
成本	✓低于 SWIFT 的手续费	• 基于 SWIFT 标准，不可控
增长	✓线上 KYC，STP（straight－through－processing） ✓网络效应强，病毒式增长	• 商户线下 KYC，人工审核，复杂资料要求 • 产品架构老旧，拓展乏力
生态	✓深度嵌入，包括消费、社交等	• 鲜有嵌入，多手工，多跳转
体验	✓移动 App，miniApp ✓全线上流程，简易交易逻辑	• U 盾，IE 浏览器，反直觉界面 • 线下流程，复杂交易指令

从时效视角来看，B 端跨境场景当中还存在大量的传统的清算与报文传输模式，时效不可控，存在延时风险。

从成本视角来看，C 端支付基于专有清算系统和模式。无论是电子钱包或是国际卡组织，其针对小额高频交易的手续费都低于传统 B2B 支付。而 B2B 和 B2C 支付所常用的 SWIFT 模式，基础成本较高，中间行额外通道成本也难以预估和避免。

从增长视角来看，C 端支付基本上实现了移动化、线上化的整体用户体验，这里面包含着巨大的网络效应和增长潜力。大量研究表明，在一个区域内，如果某个人电子钱包渗透率超过 30%，接下来 40% ~50% 的增长将会自然发生。在没有竞争对手的情形下，该钱包的渗透率甚至会很快达到 80%。这得益于移动互联网与手机的普及，以及全球监管给予个人金融服务的宽松条件。反观 B 端支付，商户准入流程包含大量线下步骤，需要复杂的资料提交和人工审核。整个 B 端支付市场产品架构老旧，缺乏拓展能力，也是需要面对的问题。

从生态视角来看，C 端支付之所以能够实现良好的时效与效益，很大一部分是因为与 C 端业务场景做了深度嵌入。比如微信钱包，其一开始的增长及优势来自微信钱包对钱包的转账，从发红包到遍布全球的扫码支付，这种深度嵌入场景使 C 端支付得到了长足发展。而 B 端的场景更为复杂，需要对 B 端业务流程的深度理解，为 B 端提供定制化的产品。

综合来看，全球跨境领域的 B 端支付依然停留在 10 年前的 C 端支付水平。C 端的移动线上化流程和简单交互在 B 端都难觅其踪，取而代之的则是各种传统老旧的功能和线下办理流程。

（二）清算网络视角：银行间网络和卡支付历史悠久、覆盖广泛，电子钱包提供极致用户体验

从跨境支付的清算网络和模式视角来看，银行间网络和国际卡组织是历史最悠久的。银行间网络 SWIFT 的技术核心主要是 9 类银行间通讯报文标准以及对应的处理系统，以支撑可无限拓展的去中心化开放支付网络（见表 2）。SWIFT 内部的各个节点通过 SWIFT 的报文体系互相联系，寻找效率最高的节点完成交易。

国际卡组织采用的则是完全不同的交易清算模式。Visa 作为重要的国际性卡组织之一，它的背后是一个中心化的交易讯息处理网络。通过合作伙伴的收单网关和收单/发卡交易处理系统，卡组织形成了独有的四方模式，即由卡组织在中

心协同发卡行、收单行以及商户（B 端），完成任意持卡人（C 端）向和任意商户（B 端）的支付。四方模式通过中心化提升了整体网络的效率，也把控了在开放网络中可无限拓展的商户、持卡人的质量。

表 2　　跨境支付的清算网络和模式比较

	SWIFT + 银行间网络	卡组织清算网络	电子钱包
发源	• 1973 年，布鲁塞尔，比利时	• Visa：1958 年，美国银行信用卡；1976 年，Visa 成立	• PayPal：1998 年，Palo Alto，加利福尼亚，美国
覆盖范围	• 11000 家银行和金融机构，200 多个国家和地区	• Visa：15500 家金融机构，百万商户，10 亿持卡人，200 多个国家和地区	• 200 多个国家和地区，25 个币种
核心支付技术	• 9 类银行间通讯报文标准和处理系统	• 中心化交易讯息处理网络 • 收单网关 • 收单/发卡处理系统	• 中心化交易讯息处理网络 • 收单网关 • 电子钱包账户体系
清结算路径	• 去中心化开放网络：代理行/中转行模式	• 中心化开放网络：4 方模式	• 中心化封闭网络：3 方模式

另一个对于 C 端支付有很大帮助的模式是电子钱包，采用中心化的交易通信处理网络，形成特征鲜明的三方支付模式，即电子钱包在自有网络内完成用户（C 端）和商户（B 端）的支付。

从网络结构视角出发，三方支付与四方支付最大的区别在于四方支付的账户开户端是一个完全开放的网络。换句话说，尽管有网关/收单行和卡组织的存在，然而整个发卡行网络是高度开放的，发卡行的自主性很高。只要发卡行持有当地监管所要求的支付、金融牌照，并有发卡交易处理能力，即可向卡组织申请为自己的客户发行卡片。在三方模式中，电子钱包始终牢牢掌握账户的发行权，所以尽管一些电子钱包自称可支持商户受理的国家和地区很多，但是可支持币种却相对较少。从商业模式视角出发，以具有代表性的国际卡组织 Visa 和跨国电子钱包 PayPal 为例，Visa 用 10 倍于 PayPal 的交易处理量创造了几乎相同的净收入，而最终 Visa 的运营利润是 PayPal 的 3 ~4 倍。这背后是不同模式下价值创造效率的本质区别。根据 2021 年上市公司年报，Visa 处理了 13 万亿美元的等值交易，PayPal 处理了 1.25 万亿美元的等值交易。然而，PayPal 净收入高达 254 亿美元，超过了 Visa 的 241 亿美元。这些数字背后是二者费率上 10 倍的差距。一般而言，Visa 的交易手续费收入是 0.2%，也就是说处理 1000 美元才能收到 2 美元的手续费，大部分手续费需要分配给发卡行网络；而 PayPal 每处理 1000 美元则会收到约 20 美元的手续费，无须支付账户发行费用。PayPal 看似更赚钱，但 Visa 的整体运营利润是 PayPal 的 3～4 倍，反映出了运营效率和行业长期价值创造上的差距。尽管在用户体验方面，开放式和封闭式的网络可以实现相似效果，但很多人认为开放式的网络会有更长远的发展前景，以及为整个行业创造共享价值的机会。

然而，这些现有成功模式并不能解决所有问题。当务之急是紧紧抓住当前跨境支付市场中涌现出的四大机遇，解决上述问题，提升跨境支付服务体验并降低成本。

1. 小额高频已成为跨境支付的主流需求。从图 3 不难看出，过去 10 多年中，全球跨境支付的单笔交易金额在不断下降，跨境支付的主流需求被小额高频所占据。B2B 的支付相对大额低频，而 B2C 和 C2B 的支付更倾向于小额高频。B 端的支付体验还停留在 C 端支付 10 年前的水平，意味着 B2C 支付场景无疑有巨大的发展潜力。同时，C2B 尽管在支付体验上已经有所升级，但是在成本、创新拓展力和运营效率上依然有优化空间。

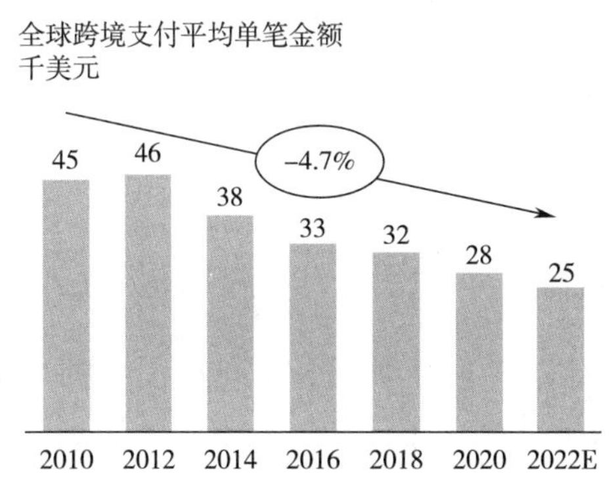

2018—2022年跨境支付场景交易额年增长率

交易模式	CAGR	典型场景
B2B	5%	一般贸易、周期性结算
C2C	4%	个人转账
B2C	8%	创作者经济、分佣
C2B	9%	DTC消费、平台消费

图 3　全球跨境支付交易情况

（数据来源：安永）

2. 传统银行间网络的跨境支付效率有巨大提升空间。根据 SWIFT BI Watch 数据，在 SWIFT 网络中，一笔跨境支付交易平均需要跨越 1.6 个国家。SWIFT 的整个体系无疑在不断优化，但是基于其去中心化开放网络的特征，这样的优化是非常困难的。一笔普通的跨境交易理论上只需要跨越一个国家，但是通过 SWIFT 网络时平均需要跨越额外 0.6 个国家。一笔支付每跨越一个国家都需要多花 1～2 天，到账时间也将相应地延迟 1～2 天。全球的收款方合计每年需要多等待百亿天的时间。

3. 技术创新可显著降低跨境支付单笔成本。单笔跨境支付的成本结构中包括支付运营、中转流动性、资金管理、合规、汇兑、清算处理等多方面成本。若要压降这些成本，技术和模式的创新是十分必要的。通过包括全自动运营、算法驱动流动性调拨、直连本地清算系统、中心化清算网络、自动化开户流程和审核（Straight Through Processing，STP）、机器学习风控引擎、智能外汇引擎、API 交易界面、自助化客户管理体系，以及自主网络基础设施的搭建，单笔跨境支付的成本可以缩减 90% ~95%，甚至在最优的情况下可以达到 1 ~2 美元的水平（见图 4）。

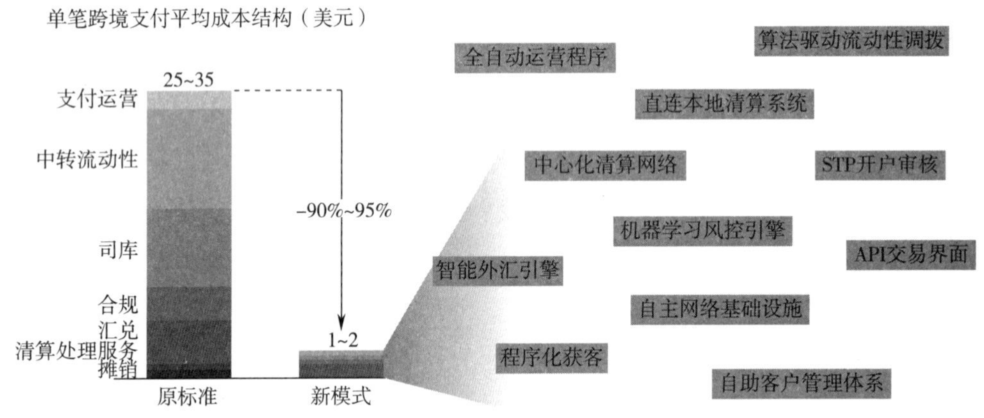

图 4　单笔跨境支付平均成本结构对比

（数据来源：McKinsey）

4. 中小企业海外银行服务渗透率低，急需普惠金融服务。在拉丁美洲、中亚、东欧、东亚、中东和非洲等地区，拥有海外银行账户的中小企业可谓是九牛一毛。中小企业是跨境出海行业的中坚力量，推动着行业快速发展和创新。如果中小企业无法获得海外金融服务，这样的创新土壤也就不复存在。

从开放式中心化卡组织，到封闭式账户和电子钱包，C 端跨境支付实现了极大优化。B 端跨境支付应参考借鉴，抓住跨境支付市场新机会，对现有技术和模式进行创新。

三、新型跨境支付服务的运作机制及社会价值

在出海跨境市场中，支付如果停留在“修桥铺路收过路费”的业务模式中，

将无法获得长期发展。哈佛大学商学院教授迈克尔·波特在《创造共享价值》(*Creating Shared Value*)一文中提到：公司的目的必须重新定义为创造共享价值，而不仅仅是创造利润，这一目的将推动全球经济的下一波创新，提升生产力水平。跨境支付平台更应该思考如何帮助跨境出海企业创造共享价值，进而推动整个出海行业生产力的提升。跨境支付平台的共享价值应当被定义为：极致效率、成本优化、赋能增长、创新生态。只有通过先进技术和模式创新，帮助出海行业在效率、成本、增长、创新方面都能有所提升，跨境支付平台才能成为真正有价值的平台。

当前，在出海企业面临巨大挑战，现有跨境支付服务已经不能完全满足全球进出口行业各项需求的情况下，新型的跨境支付服务平台迅速发展，为企业在全球化浪潮中发展提供助力。Airwallex 空中云汇始终致力于帮助互联网平台和成长型企业完成安全、高效、低成本的国际支付，有效降低企业出海各环节的运营成本，捕捉遍布全球的业务机遇。在打造一站式跨境支付解决方案的基础上，Airwallex 空中云汇联合各大行业内合作伙伴，为出海企业创造全面的共享价值。下文将从 Airwallex 空中云汇的产品架构、生态网络、运营风控和服务体系四个方面分析新型跨境支付服务平台的运作机制及社会价值。

（一）产品架构

从产品架构的角度来看，端到端的平台、基础设施优先以及模式创新这三点极为重要。

端到端的平台意味着为跨境出海企业提供覆盖完整资金链路的支持和服务，主要包含了收、管、付三部分。“收”包含协助 B 端企业从 B 端业务合作伙伴和 C 端客户处进行资金归集，包括国际卡组织和电子钱包收单的 C2B 支付。“付”包含向所有的 C 端和 B 端的合作伙伴进行付款。B 端的“付”和 C 端不同，需对接企业财务和资金管理，其中也包括费用控制和协同集团内部各个公司部门的工作流，以及企业财务系统生态平台的搭建。前文提到的创作者经济中就包括典型的 B 端向 C 端批量进行小额高频付款的应用场景；企业信用卡和费用控制软件则是另一效率提升利器。在“管”这一环节，随着互联网经济完成全球化覆盖，互联网平台大量涉及企业支付服务。跨境支付平台需支持互联网平台与平台供需两端合作方的深度链接和场景嵌入。

Airwallex 空中云汇基础设施建设优先的理念为技术和模式创新提供可能。

Airwallex 空中云汇的底层支持是全球各地的银行、非银行支付机构以及卡组织等合作伙伴。通过合作伙伴和自有持牌主体对接，Airwallex 空中云汇与全球各地的本地清算系统、电子钱包以及卡组织直连，将其接入 Airwallex 空中云汇的平台层。平台层包括清算结算支付引擎、外汇交易引擎以及收单发卡的交易处理引擎，最终汇聚成一套完整的端到端支付中台产品能力，能够深度嵌入 B 端场景，赋能 B 端业务，提供创新的跨境支付服务。

以收付为例，Airwallex 空中云汇的模式创新将中心化开放式网络带到 B 端支付领域。传统的中间行跨境支付网络，往往需要经过多家中间行渠道完成最终转账。而 Airwallex 空中云汇所提供的跨境支付服务通过大数据和自动化的头寸调拨，打造中心化、开放式的全球跨境支付体验，显著降低出海企业的跨境支付成本，提升周转时效。

对于企业支付来说，收单是核心产品功能之一。Airwallex 空中云汇是 Visa、Mastercard、银联国际、American Express 和 JCB 等在多个地区的主会员机构，直接作为收单行利用自有的网关清算系统来进行交易的清算和处理，实现更高的支付稳定性、更低的成本和更多原生交易、结算币种的支持，提升企业在跨境出海过程中的整体交易成功率、时效、安全性，并进一步降低成本。

（二）生态网络

Airwallex 空中云汇的生态网络基于其自研的 Scale 平台和 Airwallex 空中云汇支付（Airwallex Pay）打造，其合作伙伴可以通过 Scale 平台将 Airwallex 空中云汇提供的各项跨境支付能力内嵌到自身业务体系中，包括收单、收款、换汇、国际汇款、发卡等一系列支付产品和功能。在此基础上，Airwallex 空中云汇即将向市场推出开放式支付服务——Airwallex 空中云汇支付（Airwallex Pay），让更多企业参与到 Airwallex 空中云汇所构建的跨境支付开放网络当中，享受即时、便捷、低成本的 B2B 跨境支付。

目前 Airwallex 空中云汇已与各类的生态 SaaS 企业广泛对接，包括国内所熟知的金蝶等财务 ERP、领星等跨境电商 ERP。另外，Airwallex 空中云汇也已提前布局，对接中国企业出海过程中所必需的各类境外当地系统，如澳新地区的 Xero、欧美地区的 Quickbooks 等主要财务 ERP。同时，对于费用控制等与支付高度契合的企业财务管理核心模块，Airwallex 空中云汇也已通过自研软件层应用，提升对生态网络的整体赋能能力。

（三）运营风控

高时效、低成本的跨境支付离不开强大的运营风控体系，其核心是一套“以风险为本、大数据驱动”的运营系统架构。Airwallex 空中云汇的运营系统架构包含三个核心模块：一是统一的数据平台，二是基于业务场景和合规标准所搭建的风控模型，三是基于业务流程所进行的模型迭代和自动化干预。

基于各地的合规监管要求，Airwallex 空中云汇建立了全球本地化数据架构，在确保合规的前提条件下，最大化挖掘其中数据资产的价值，提升整体交易网络的安全性，降低洗钱、恐怖融资等金融安全风险。

依托数据资产，Airwallex 空中云汇通过搭建稳健的数据架构和高性能的计算能力，快速构建适用于各个场景的风控机器学习模型。这些模型可以确保最小化人工干预，消除因个人判断而出错的可能性，同时保证业务拓展过程中运营效率和运营资源的投入与业务规模的增长保持非线性的关系，让业务增长不再受到内部运营和风控的制约。

最后，Airwallex 空中云汇将整体的业务流程与风控框架匹配，形成“预防—监测—报告”的完整工作流，涵盖从开户到日常交易监控的方方面面。

（四）服务体系

Airwallex 空中云汇遵守全球各地的监管要求，特别是企业资质的审核，同时对流程进行不断的优化。以开户为例，Airwallex 空中云汇研发了一整套的线上开户流程，在满足监管要求的同时，通过实时的线上数据调取以及模型的风险判断，能够在最快几分钟之内实现自动化开户，减少出海企业海外展业阻力。

（五）创造共享价值

Airwallex 空中云汇的受益客群主要包括数字化平台与成长型企业。对于前者，平台经济从搭建初期就将移动互联网业务作为公司的核心舞台，因此需要强大的基于互联网云技术的支付中台支撑。对此，Airwallex 空中云汇提供高度可拓展的 API 支付中台，让数字化平台不再为跨境支付、合规风控等非主营业务职能所担忧，能够将所有研发资源和业务重心都放在平台发展上。

Airwallex 空中云汇所提供的跨境支付平台涵盖四大主要应用场景，包括自动化企业收支管理、C 端高频链接、规模化平台拓展和生态场景链接。在这些场景中，Airwallex 空中云汇不断创造共享价值，涵盖效率、成本、增长赋能和创新生态。2022 年，Airwallex 空中云汇帮助企业客户减少了超过 2000 万天的支付等待时长，节约了超过1.5亿美元的支付成本，有力地支持了出海企业客户的快速发展。在营收和增长端，Airwallex空中云汇进一步帮助企业通过优化支付成功率、拓展广泛的海外市场，为企业客户创造了近1亿美元的额外营收。同时，Airwallex空中云汇帮助全球生态合作伙伴开立了超过20万个客户账户，进一步拓展开放网络，扩大对企业客户及合作方的赋能范围。

四、结语

全球数字经济持续发展，跨境支付便利化政策陆续出台，为跨境电商等外贸新业态保驾护航，也为跨境支付行业健康发展提供了良好的土壤。尽管出国留学、旅游等C端场景受疫情影响较大，但受益于跨境贸易尤其是跨境电商的火热，叠加中小企业出海等新场景需求释放，跨境支付行业得以保持稳中向好的发展态势。与此同时，跨境支付的新模式和新技术的尝试，也创造了更多的共享价值，帮助中国的跨境出海企业在新周期中获得更大的发展。

智能场景化反欺诈系统建设实践

文/魏　巍　韩　健　付　佳*

摘要：随着金融业数字化转型的深入发展，银行业务的开放化、线上化、场景化使银行的服务模式突破时间与空间的限制，在提升客户体验的同时，也对风险防控提出越来越高的要求。为深入贯彻党中央、国务院关于打击治理电信网络诈骗的决策部署，保障人民群众资金安全，民生银行依托业内领先的大数据架构体系和机器学习、知识图谱等分析建模技术，建立起灵活、自动、高效的智能场景化的企业级反欺诈系统，有效支撑"事前、事中、事后"一体化的全流程反欺诈运营工作。

关键词：反欺诈　场景化　实践

一、建设企业级反欺诈系统存在的挑战

（一）银行数据分散、缺乏统一的数据资产中心

高质量的数据是银行开展反欺诈大数据分析的前提。随着信息系统几十年的发展，银行当前沉淀的数据量巨大但质量参差不齐，客户交易数据、行为数据、情报数据、处置结果数据等散落在各类渠道业务类系统和后端各个风控模块内，未有效整合，相互之间缺乏必要的联系。

（二）需要构建高性能、高可用的风险识别引擎

高性能、高可用的实时预警决策引擎和离线建模分析引擎是银行开展反欺诈

---

* 作者单位：中国民生银行股份有限公司。

的基础。只有高性能的风险识别引擎才可以同时支撑全行所有线上线下全场景、全渠道的业务反欺诈需求。同时，实时决策引擎要在日均吞吐达数十亿元级别情况下达到毫秒级响应，在平台技术架构选型、系统开发及运行维护方面的要求极高。

（三）需要搭建高准确率、低误报率、低漏报率的欺诈风险监控模型

高准确率、低误报率、低漏报率的欺诈风险监控模型是银行开展反欺诈工作的核心。业务产品部门熟悉各业务场景特点，科技安全部门对黑产攻击技术手段、算法模型特点较为了解，需要充分发挥各业务部门和科技安全部门的专业优势，加强联动，共建反欺诈知识库和模型。

（四）需要建立联防联控、统一协同的处置流程机制

建立联防联控、统一协同的处置流程是银行开展反欺诈工作的根本。需建立场景化业务风险防御处置策略，对风险进行分级分类处置，协调总分行各级机构，实现风险情报共享、统一协同处置。

二、民生银行反欺诈系统建设的关键创新

民生银行面对构建企业级反欺诈系统的挑战，在系统能力的整体性、协同性、灵活性方面进行突破，探索建立包含六大中心（见图1）的智能场景化企业级反欺诈系统，围绕“事前提前防御，事中实时响应，事后核查优化”的目标，打造“统一的数据接入能力、多租户下的模型开发能力、集中的风险决策能力、统一的风险处置能力、全局的风控运营能力和风控数据资产化能力”六项能力，打通总行各部门、总分行、分支行之间的壁垒，对欺诈风险实现事前、事中、事后全流程监测，根据风险预警等级进行实时/非实时的管控处置，有效支撑全行各业务部门的反欺诈运营工作。

数据接入中心：围绕数据接入、清洗及存储能力平台化需求，实现了实时、离线两类数据可配置、可调度、可回溯的接入及清洗能力。具备全渠道、全场景实时交易数据和历史批量数据的接入能力。

模型策略中心：建立支撑多租户下的模型、规则策略开发配置能力。通过建立全行多部门多业务场景的可视化配置引擎，支撑各业务部门根据自身需求，在线自行建立监控模型，部门模型互不干扰。同时，从需要监测的风险业务场景出

发，梳理各业务场景的风险监测点，有针对性地配置风险模型，通过多维风险指标和特征规则对客户的涉诈风险进行分析，最终形成客户的风险评级。

风控资产中心：建立风控数据资产化能力，并反哺到全流程防御体系中。建立由行外监管涉诈名单库和行内涉诈风险库组成的全行统一的涉诈风险信息资产库，包含高风险人员、高风险行业、高风险地区、高风险手机号、高风险 IP 地址等各类风险资产信息库。

风险决策中心：建立集中的风险决策能力，打破部门分散监控的局面，实现客户级的反诈风险事中监测。具备实时、多维度风险评估能力和跨渠道、跨场景的风险联合识别能力。

风险处置中心：建立统一的风险处置能力。具备交易处置策略灵活配置的能力，支持实时拦截、阻断、增强认证、分支行核查、监管上报等各种处置策略。

风控运营中心：建立全局的风控运营能力，具备全渠道、全场景策略可视化、风险可视化、处置可视化的能力，支撑风险事件全程跟踪、复盘优化，同时通过风控大屏、风控报表、动账图谱对欺诈风险实现可视化分析和全流程追踪。

为支撑上述六大功能中心，民生银行采用 Spark、Hive、Hadoop 等主流的大数据技术，构建起了包含数据汇聚层—基础设施层—应用组件层—对外服务层的层次分明、耦合适中、高性能、高可用的反欺诈系统，打通业务渠道间的数据壁垒，有效支撑业务全生命周期风险交易评估，整体技术架构如图 1 所示。反欺诈系统的创新点主要体现在以下几个方面：

1. 实现高并发、低延迟、多维度的实时风控，满足业务实时风控需求。风险交易实时预警组件采用主流的实时流式处理和复杂事件处理技术，平均响应延迟 20ms 以内，支持复杂指标计算，支持跨渠道、跨场景和差异化的实时模型策略执行。采用大数据实时流式计算技术架构，从多视角建立验证用户、验证设备、设定合理群体访问规则的配套动态识别机制，实现根据不同客群、不同风险作出差异化应对的风险识别效果。

2. 支撑企业级风险识别模型开发建设，实现智能风险感知。模型建立组件可提供多租户共同建模，具备安全威胁模型快速投产能力，基于专家和历史经验快速制定威胁检测模型，提升威胁检测模型更新和迭代速度。依托安全威胁建模知识库、可扩展可自定义的安全威胁建模组件库以及高性能的建模引擎，实现基于海量数据的安全威胁建模能力，提升业务安全威胁检测的深度和准确度。

3. 通过“一客一策”差异化风控，提升风险识别的准确性。根据全行客户/账户/设备/IP 等实体信息构建客户风险画像，全面了解单一实体及群体的风险情况，配置差异化风险识别策略，进一步提升威胁检测的广度、深度和准确率。

4. 系统完全自主研发，技术安全可控。响应国家“自主可控”的号召，注重顶层设计、整体考虑，自主研发应用组件。系统设计满足高并发、灵活配置、实时响应、实时计算和安全可控的目标，实现 7×24 小时不间断高效运转；同时充分考虑到未来几年的业务发展需求，提供灵活的、弹性的架构和接口，以支撑后续业务发展的需要。

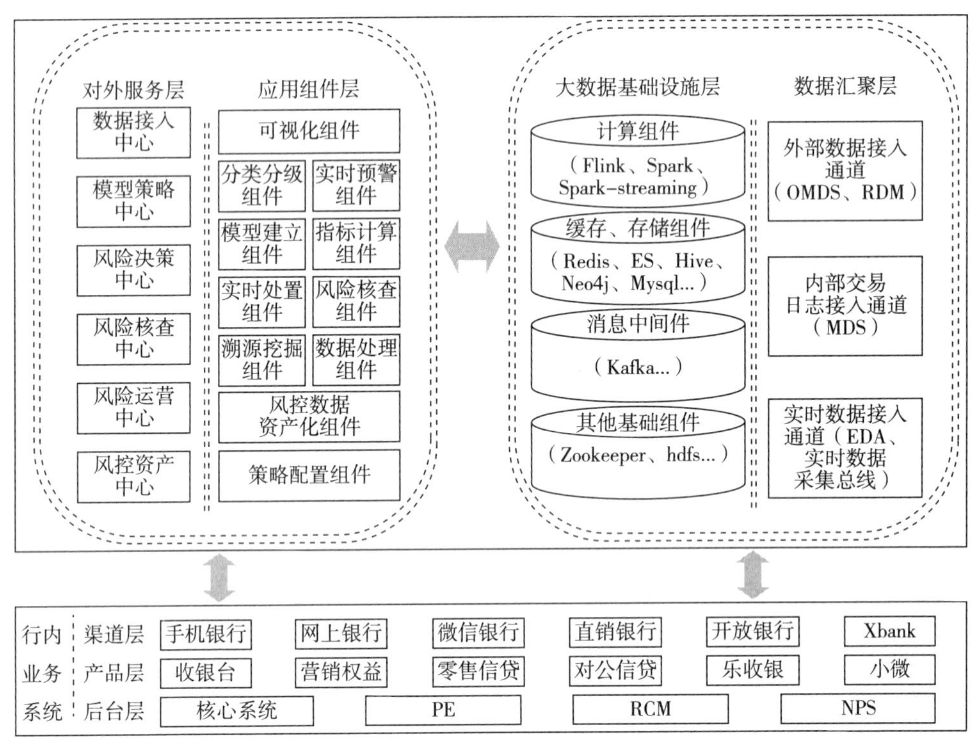

图1 反诈系统技术架构

三、反欺诈系统的实践效果

通过将风险管控有效融入业务流程，建立起支撑事前、事中、事后“三位一体”的全流程风险防控体系，将传统的以事后监控分析为主的风险管理模式转变为事前、事中、事后的协同风险防控模式，前移监控关口，提升风险监控效能。

民生银行反欺诈系统已经打通包括开户、注册、登录、支付等 200 多个业务场景，形成一整套覆盖支付反欺诈、账户反欺诈、营销反欺诈等领域的反欺诈管理体系，实现全业务、全流程的安全保障，覆盖交易的事前、事中和事后监控。同时，通过对监管的规范要求以及涉诈手段的不断研究，积累业务反欺诈知识库，持续开发、优化业务安全威胁检测的技术和模型，建立线上交易场景监控、威胁实时预警、分析研判、核实处置的闭环体系。2022 年全年，日均保护交易数 3100 万余笔，累计识别管控风险账户 1.2 万余个；识别盗开户、赌博、诈骗等地下黑产团伙 40 余个，累计金额上亿元。

未来，民生银行将继续深化“科技驱动”经营理念，在反欺诈领域不断深耕，结合知识图谱、隐私计算、联邦学习等新技术的创新应用，持续加强企业级反欺诈系统能力建设，有力支撑全行电信网络诈骗和跨境赌博“资金链”治理工作纵深推进。

涉农场景推广视角下对“手机号码支付”业务探究

文/杨春香　郑岸林*

摘要：为持续优化金融生态环境，提升农村支付服务水平，助力乡村振兴和农户发展，甘肃省人民银行系统制定了《甘肃省2022年手机号码支付业务涉农场景实施细则》，推动“手机号码支付”业务推广和涉农场景相结合。截至2022年底，甘肃省白银市“手机号码支付”业务客户绑定量165387户，“手机号码支付”业务涉农场景建设取得积极成效并推广至白银市三县两区，但“手机号码支付”业务用户使用率不高、功能单一等问题依然存在。本文在分析相关问题的基础上，提出具体的政策建议。

关键词：涉农场景建设　手机号码支付　政策建议

一、涉农场景建设基本情况

人民银行白银市中心支行（以下简称白银市中支）充分利用三合村金融服务基础较好、涉农产业具有规模优势，特别是在菜苗交易、农资交易、蔬菜购销等全流程有较大的资金流动，“1+1+N”（见图1）的“龙头企业+合作社+农户”的产销合作模式成熟，具有作为“蔬菜购销”涉农场景应用示范村的基本条件，通过向人民银行兰州中心支行申请，确定甘肃省白银市靖远县三合村为“手机号码支付”业务涉农场景示范村。三合村总耕地面积10231亩，蔬菜年产量3500万千克，年产值6500万元，蔬菜产业已然成为当地农民增收的特色支柱

* 作者单位：中国人民银行白银市中心支行。

产业，蔬菜收入占农民总收入达70%以上，年产无公害蔬菜2700万千克，产值达2.3亿元。目前，有市级龙头企业“靖远县金阳光蔬菜种植农民专业合作社”（以下简称金阳光）和“靖远县绿源蔬菜种植购销专业合作社”（以下简称绿源）2家，专业合作社12家，种植大户25户，带动蔬菜种植户3400户，吸纳脱贫人口就业320人。三合村已评级授信4302户，授信总额2.58亿元。种植的辣椒、茄子、西红柿等农产品，近销白银三县两区，远销北京、青海、四川、宁夏等地。

两家市级龙头企业联合“靖远县泓源种植养殖农民专业合作社”（主要与周围蔬菜批发零售企业、超市等对接进行当地蔬菜购销，以下简称泓源）将三合村蔬菜产业链的各环节连接到一起，充分发挥了“1+1>2”的作用。金阳光和绿源作为蔬菜育苗基地，通过订单育苗，精准对接农户，实现线上订单，线下精准生产，保障了三合村95%以上的蔬菜苗需求。泓源通过蔬菜种植指导、购销等，与合作社形成了利益捆绑，达到了战略联盟。

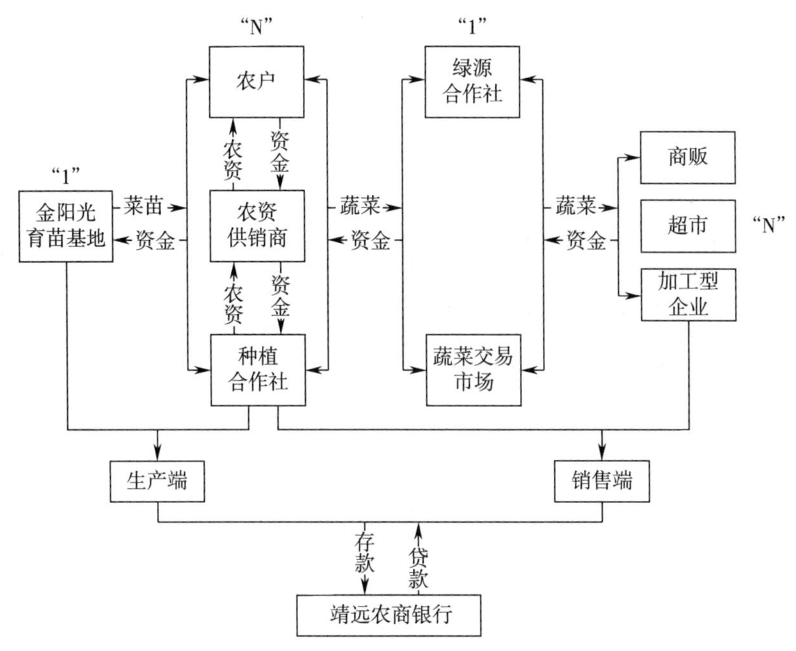

图1 “1+1+N”模式场景解析

如图1所示，种植前一年10—12月，金阳光、绿源根据周边农户及种植合作社的蔬菜苗需求订单进行菜苗培育，其间收取定金；种植当年3—4月，农户及种植合作社上门缴纳尾款取“货”进行种植，种植期间，农户、种植合作社也会购买农资产品，存在资金往来；蔬菜成熟后，农户将种植好的蔬菜运至泓源或在蔬菜收购市场与收购方进行价格沟通，达成统一后交易完成；最后一个环节，泓源及收购市场代办将蔬菜销至超市、商贩、加工型企业等。至此，蔬菜产业链形成。“手机号码支付”作为快捷方便的支付方式在多个购销过程中大显身手。

同时，白银市中支指导金融机构以快手、抖音等农村居民通俗易懂、喜闻乐见的方式扩大宣传形式，并在三合村人流量较大位置张贴海报、设立展架，在交易市场向农户、菜贩面对面展示“手机号码支付”的业务特点、优势和使用流程等，进行多形式、多层面、多角度的全方位宣传，营造良好的推广氛围。深入“田间地头”、针对不同群体组织多种形式讲座培训，提高重点人群对“手机号码支付”业务的操作熟练程度，培养好试点发展“手机号码支付”业务的推力。通过三合村的试点，总结经验，充分利用东湾镇，乃至靖远县的产业特色和优势，可以带动形成更多的示范村（镇）。

二、推广中存在的问题

（一）金融机构的推广积极性不高

调查显示平均每家银行有4.2个App，白银地区的兰州银行、甘肃银行、农村信用合作机构等有手机银行、微信银行、直销银行、网上生活等App，各银行机构着重于推广各行自主经营的业务，“手机号码支付”业务相较于其主营业务信贷等，推广力度、推广积极性不高。同时涉农场景建设主要面向农村地区，当前白银市靖远县三合村“手机号码支付”业务的推广和资金结算方主要是靖远农商行，系统功能建设和业务发展能力较弱，业务系统不能查询、统计“手机号码支付”业务数据，不利于第一时间了解业务推广及开展情况。

（二）未建立标准化的操作流程

“手机号码支付”功能的使用需经过注册、转账、维护三部分。用户需要通过手机银行、网上银行等注册开通“手机号码支付”服务，将手机号码与银行账户进行关联，关联完成后方可发起转账业务，业务完成后也可变更或注销默认账户。但各金融机构App中“手机号码支付”业务的注册在其二级或三级菜单中，不能直接体现。相关默认账户设置的变更、转账信息输入可选项、方式、注册流程等规则不一。业务不易查找、操作步骤过多不一，必然增加客户注册和使用的难度，极易造成用户困惑，降低对相关功能使用的积极性。

（三）客户体验感不佳

一是收款人如有多个银行账户，则需要在多家银行分别注册开通此项业务。二是非默认关联账户输入复杂。在跨行转账时，如果默认关联账户非客户指定账户，客户需要增加输入开户行或额外查询才能完成转账，即使默认账户也仍然需要输入户名、银行账号、开户行等不定数量要素。三是客户有多个手机号码的情况下，转账时无法确定签约的手机号码，势必增加询问等流程环节。在涉农场景中，由于农户等的学历水平相对较低，在使用“手机号码支付”业务进行转账时，一旦出现资金不到位或转错指定账户时，必然引起纠纷，造成“手机号码支付”功能的口碑下降或遭到农户弃用。

（四）功能单一导致客户黏性不足

就现阶段“手机号码支付”业务来看，更多的只是一种跨行转账方式的创新，即将跨行转账的主要展现方式和依托介质由账号变更为手机号码，给用户提供了一种便于获取、记忆和操作的转账方式。这种单一的功能，难以使客户产生使用的依赖性，导致客户黏性不足，未来还需要在场景建设、应用领域等方面进一步完善，形成良性发展的优良生态。

三、相关建议

（一）完善激励机制，加大推广力度

指导在当地有助农取款服务点等涉农业务的建设银行、农业银行、邮储银行、白银市农联社等以助农取款服务点为“阵地”，以“手机号码支付”业务推广为契机，针对当地农户制订长期推广方案，建立激励考核机制，细化分解任务，实现涉农场景“手机号码支付”业务推广常态化，提升支付结算服务水平，助推涉农场景“手机号码支付”业务量持续增长。

（二）建立标准化流程，进一步提高“手机号码支付”业务的便捷性

优化各金融机构手机号查询关联账户流程和输入要素规则，建立标准化流程，确保客户在进行支付交易时，只需输入手机号码即可查询客户关联的所有银行账户，便于客户选择和操作。同时注意保护客户隐私，按照资金安全要求，规

定最少信息输入要素，增加金融机构对其他要素的自动显示功能，提高客户操作的安全性和便捷性，注重提升用户体验。地方性金融机构，例如靖远农商行等要完善业务系统中“手机号码支付”业务查询、统计功能，助力涉农场景方面的“手机号码支付”业务推广工作顺利进行。

（三）深入宣传，打响“手机号码支付”业务品牌优势

指导金融机构以人民银行支付系统“安全、便捷、高效、稳定”的性能特点开展宣传，通过富有针对性的宣传活动，巩固并持续挖掘数额庞大的个体客户，尤其是农村地区客户，不断提高“手机号码支付”业务在农村地区的影响力和知晓度，打响“手机号码支付”业务品牌优势。同时面向客户对各金融机构“手机号码支付”业务绑定入口和相关操作界面重点介绍，确保客户“一看就懂、一做就通”，以良好的用户体验来提升手机号码支付注册量和转账使用率。

（四）拓宽应用场景和渠道，践行支付为民理念

结合移动支付场景化、乡村振兴等发展趋势，找准体现自身优势的服务场景，推动转账业务发展。例如，可以在现有单一跨行转账收款功能的基础上，将“手机号码支付”业务拓展至网络支付、银行卡收单、账单支付、民生缴费、快捷代发等支付应用场景，贯穿到交易、清算和结算全流程中。同时可以将“手机号码支付”业务与助农取款服务点的相关业务结合，提升农户使用频率和场景应用。也可以依托人民银行强大的支付结算网络，建立与银联、网联等的交互机制，探索建立以手机号码为中心的支付结算体系，从而达到丰富应用场景、增强用户黏性、实现良性循环的目的。

参考文献

[1] 董毅. 手机号码支付场景建设与展望 [J]. 科技与金融，2019 (6)：30 – 34.

[2] 曾甘霖. 基于用户视角对“手机号码支付”业务的思考 [J]. 金融会计，2020 (11)：17 – 20.

[3] 王志军. 普惠三农金融与数字乡村建设融合发展研究 [J]. 现代金融，2022 (9)：100 – 123.

商户全景画像模型的具体应用

文/万　杨　王一勋*

摘要：本文阐述平安付电子支付有限公司（以下简称平安付）如何根据商户事中交易数据，提取风险要素，挖掘其欺诈特征，有效识别出风险商户，并在后续与异常商户的对抗中，如何优化迭代风险模型与策略，以实现更高效的识别及处置。

关键词：全景画像模型　商户

平安付作为平安旗下的非银行支付机构，一直以来始终将用户的交易资金安全、业务的合规发展作为公司发展的核心。随着业务发展，平安付已经积累了海量的交易客户、商户数据，又依托平安集团金融+科技的优质资源，运用深度挖掘、分类标签体系、机器学习、用户画像、商户全景画像及关系图谱等方法建立精准的风控模型和策略，在商户管理的准入审核、事中交易、后期巡检等环节全覆盖，形成一个完整闭环的商户全生命周期管理体系。

一、商户全景画像模型概述

当不法商户利用种种手段，成功进件成为特约商户后，这些商户往往在交易过程中，通过大拆小、化整为零的交易方式伪造交易数据，试图隐匿真实的交易意图，将资金迅速转移。针对这类交易行为，平安付经过数据分析比对计算，开发设计了一套商户全景画像模型。该模型是通过海量的商户交易数据，首先从商

* 作者单位：平安付电子支付有限公司。

户入网后，按时间轴去切分交易；然后再结合平安付海量的优质、异常的商户交易信息，通过卡方分箱计算 IV 值，再利用皮尔逊相关性分析系数检验矩阵法，择出尤为重要的交易因子，即可被认为是商户的各个风险标签，然后这些标签在通过逻辑回归预测异常商户的概率转化成分数，打标于商户之上，形成这个商户的动态交易标签集；再结合该商户的行业类别、开户情况，商户舆情风险、法人舆情风险等 15 个指标大类 68 个指标小类，形成商户的全景画像，最终再利用孤立森林的算法，得到分离预测出的异常不法商户。接下来，将从三个方面详细描述该模型。

（一）关于时间轴的划分

经过数据分析比对，一些不法商户入网成功后，前期并无交易，在一段时间内都处于静默状态。所以在时间轴的划分上，我们采取的是入网后 7 天、14 天、21 天等，每 7 天一个周期的打标方式。

（二）关于分类标签体系

在交易分析中，通过卡方分箱计算 IV 值，再利用矩阵得出几大类风险标签，分别是交易金额分布、交易笔数、交易笔均、交易时间异常、支付方式、异地、频繁交易七类。

就目前预测转为分数来看，以下几个风险标签占比尤为重要，分别是异地、交易金额分布、频繁交易、交易时间段分布等。

“异地”为非商户实际注册经营地。在主扫（C 扫 B）的交易中，要关注用户的支付位置，结合到商户维度看，该商户是否存在支付 IP 异地情况，简而言之就是当天支付 IP 全异地或者几天存在支付 IP 穿插异地情况。在平安付未开展扫码付业务的地区，出现了该地区的支付 IP，对此标签中也有细化体现。另外对于境外支付 IP，作为支付机构也保持零容忍的态度。在被扫（B 扫 C）的交易中，平安付则关注商户的机具位置，根据异地可靠性分析，判断条件往往是机具的 GPS、机具的基站、机具的 IP。三者按其可靠性选其一，根据判断条件该业务的异地标签比重也不一致，真正实现了因商户情况而变的动态标签。

“交易金额分布”为该商户的交易金额特点。通过大量挖掘异常不法商户的交易明细，会发现这些商户，往往在转移资金时，交易金额以整十（含整百）、特殊金额（495 至 500，995 至 1000 等）出现，且金额偏于一致且单一。为识别出这些交易金额分布异常的商户，进而给予标签，平安付利用变异系数的方式

（标准差/平均值），当此时该商户的变异系数小于0.1时，就可给予该商户预警标签。

“频繁交易”是基于用户的维度，同一张交易卡、钱包账户则认定为一个用户。第一个层次的标签是同一张交易卡，短时在该商户频繁交易。第二个层次的标签是同一张交易卡，在该商户一段时间内频繁交易且金额趋于一致。第三个层次的标签是同一张交易卡，在关联性较强（同渠道进件、进件时间相近等）但非相同的商户处短时间隔交易。这三个层次的标签，都将根据该商户的实际情况，分别预警到该商户。

“交易时间异常”是根据前期准备的海量商户数据，分析后划分出四个交易时间段，分别是23点至6点，6点至12点，12点至18点，18点至23点。其中23点至6点是常规意义下认为的凌晨非正常时间段。但是仅仅关注该时间段远远不够。因为一个正常的商户，全天的交易或者一段时间内的交易按时间去分布是均衡的。如果一个商户百分之八十的交易都集中分布在某个交易时间段中，依旧会给予该商户预警标签。

总之，这些关于预警的标签，最后通过逻辑回归预测异常商户的概率转化成分数，打标于相应的商户之上，形成这个商户的动态交易标签集。

（三）关于商户全景画像

商户全景画像，很大程度是基于事中交易下前期得到的商户动态交易标签集，又结合开户材料、工商信息、风险传递、舆情监测四个维度，覆盖开户材料异常、批量注册、异地交易、交易金额分布、交易时间异常、频繁交易、拓展人风险传递、商户舆情风险、法人舆情风险等15个指标大类68个指标小类，形成商户的全景画像。最终利用孤立森林的算法，分离预测出异常不法商户。该模型验证集AUC值达到0.8以上，KS值达0.45以上，上线后结合主动侦测识别及外部风险反馈结果，模型风险商户识别准确率达到91.3%，风险商户召回率达到79.2%。

二、后续迭代

鉴于商户全景画像模型目前良好的准确率与召回率，后续优化该模型，将构建商户案件关联挖掘模块。即商户全景画像分离出的异常不法商户，挖掘与其具有高相似度的潜在风险商户，从而对这些潜在风险商户进一步分析、监控。

首先，商户案件关联挖掘模块基于底层构建的复杂网络“商户关联图谱”，围绕“身份特质”“入网情况”“交易特征”“处置历史”四个关键维度进行综合判断。“身份特质”综合商户固有的经营信息、法人信息、行业类别等；“入网情况”反映商户入网方面的特征，例如拓展人员信息等；“交易特征”反映商户以往的历史交易情况；“处置历史”反映商户被处置的情况，如调单、冻结、降额等。

其次，通过标签传播算法（Label Propagation Algorithm）、Node2vec 算法对商户进行相似度计算，并将商户按照相似度从高到低的顺序依次展示，与已知风险商户相似度越高的商户，即存在越高的潜在风险。

最后，相似风险商户后续进一步由风控专家进行具体分析，排查商户是否真的存在风险。

运用这一模块，已有效抓住多个风险团伙、可疑商户，并将可疑商户发生的相关交易作为可疑交易向反洗钱相关单位上报。该优化后的模型在实际上线运行中，成功侦测风险商户超过上万家。

优化后的整套模型最大的优势，就是通过一个或者几个异常商户的各方面信息，成功地挖掘到与之相关联的其他异常商户，很好地预测了未知的风险，最大限度保障业务的合规有序发展。

三、案例分析

该模型在实际运行中，不仅可以抓取单个异常商户，还可以通过优化后的关联挖掘模块，精准计算出是否存在与其风险相似度极高的其他异常商户，进而起到抓取风险团伙的效果。通过一期的商户全景模型，顺利抓取到某市异常商户A、B、C，相关特征如下。

首先，商户 A、B、C，进件后都存在一到两周的无交易情况（称为静默期）。然后，在交易金额上看，数额极为固定，如495 至499，以至于该商户在一段时间轴内交易金额的变异系数小于0.1。

其次，从异地角度看，商户 A、B、C，均存在一段时间轴内不同程度的异地交易情况。此外，该模型还监测到，交易的大多数客户中存在注册 IP 与交易 IP

一致，但与实际商户归属地 IP 不一致的情况。

再次，同交易卡频繁交易，不仅仅表现为单商户的同交易卡频繁交易，这三家商户均存在短时同市跨区同交易卡频繁交易的情况。

最后，从交易时间角度看，综观商户 A、B、C，其交易时间均集中在 18 点至 23 点，在该时间段交易笔数占全天的 90% 以上。总之，无论是交易金额、交易时间、异地情况等，均不符合其行业特质，高度怀疑为风险团伙。

一期商户全景模型抓取到的疑似风险团伙，只是这个案例的开始，通过后续优化出的案件关联挖掘模块，继而发现到同属市的商户 D 和 E。

商户 D 和 E 的挖掘，全部是基于商户 A、B、C 在“身份特质”“入网情况”“交易特征”“处置历史”四个关键维度进行综合判断。在“身份特质”上看，商户 D 和 E 与商户 B 同属餐饮行业，且登记法人代表身份证信息的前六位一致等；在“入网情况”上看，有四家均来自同一渠道进件，其中五家商户的进件时间均在同一个月等；在“交易特征”上看，商户 D 和 E 的交易中，交易占比较高的交易卡，也是商户 A、B、C 的交易卡；在“处置历史”上看，这五家中的四家商户，在前期进件过程中，存在材料初次审核不通过情况等。

综合上述情况，计算出风险相似度极高的商户 D 和 E。这两个商户的进件详情与交易明细，最终由风控专家确认风险。五家异常商户均得到暂停交易、冻结处置。

四、总结展望

随着网络支付的深度发展，商户欺诈的方式方法也会不断进化。今后该模型将持续升级优化，以高效识别出更多的异常商户团伙为目标，切断不法分子从事不法行为的渠道，保障平安付的业务朝着有序健康的方向发展。

商业银行电子支付发展运营模式探索

文/陈　璐　关童丹　闫　远*

摘要： 自2013年进入互联网元年以来，近十年的沉淀与酝酿，改变的，是市场各方对互联网金融热情的理性回归；不变的，是客户愈加高度依赖互联网的趋势。消费线上化作为互联网上绝大多数客户的重要核心诉求，是银行对接并维系客户服务的关键切入点，是向客户延伸提供专业金融服务的出发点，也是实施线上数字化经营客户的落脚点。而与这个"点"相对应的银行业务，首要的便是电子支付。所以，银行要在互联网市场上开疆拓土，电子支付业务一定是非常重要的前奏之一。然而，受多重因素影响，商业银行电子支付业务疲态渐显，发展遇到较大瓶颈，本文围绕电子支付业务如何突破桎梏，寻找新发展运营模式开展探索。

关键词： 电子支付　数字经营平台　客户运营　精准营销

一、业务发展困境

（一）支付市场"内忧外患"

"内忧"方面，电子支付市场在经历蓬勃增长后已进入成熟期，市场趋于饱和，交易规模增速渐缓。伴随业务的发展扩大，商业银行电子支付业务开展既有与同业竞争，又有互联网巨头觊觎，尤其互联网行业凭借其天然的客群体量、创新产品迭代能力、线上互动联动能力、支付流程简化等方面的优势，是商业银行强有力的竞争对手。"外患"方面，2019年以来，受疫情反复影响，国民消费能

* 作者单位：中国邮政储蓄银行总行网络金融部。

力收缩，客户消费意愿下降，加之暂停非柜面、限额管控等监管收紧外部市场因素影响，商业银行电子支付业务开展压力强劲，增长能力渐近天花板。

（二）拓客渠道“寡而不均”

缺乏精准追踪客户、挖掘客户、培养客户支付习惯的渠道是商业银行面临的主要渠道困境。电子支付业务一直以来亟待解决的问题，是线下客户信息量不足以维护线上客户支付行为，信息隔离导致矛盾丛生。商业银行无法获取精细化的客户线上交易特征、拓客后无法预判新客户线上交易行为，以至于无法按客户消费偏好有的放矢，只能一揽子式地开展营销活动，故而浪费营销资源。

（三）数字运营“杯水车薪”

客群竖井式分层不深、聚类归因不细是支付业务的数字困境。与传统支付业务不同，电子支付业务的发展因客户密度大、交易场景广、交易频次高等特征，无法精细化地归类统计，导致业务人员存在运营上的疑惑：该如何化整为零，精细化经营客群？

切片客群行为特征、深化客群层级、细化聚类分析，针对性经营客群是商业银行发展的趋势，也是解决数字化运营困境的手段。精细化的分类依赖大数据全方位的支撑，发现客群之间的深层关系，是电子业务发展数字化转型的主要方向。

二、业务转型破局

商业银行想逆流而上，需破而后立，找到新的风向标：围绕线上数字化运营模式展开转型。支付业务的发展围绕着产品、价格、渠道、推广四个要素开展，但因其资金划转和清算的本质，一直侧重于支付渠道和支付工具的创新，却忽略了“渠道+产品+营销”的复合，客户营销（推广）与经营成本（定价）方面数据化运营的跛脚导致木桶效应显现，致使即便渠道产品有力，客户依旧流失。对此，提出具体解决方式。

（一）以分层客群经营为“主航线”

客户是线上支付的直接来源，精准挖掘客户潜力，激发客户深层价值，以RMF模型（最近一次消费Recency，消费频率Frequency、消费金额Monetary）理论为核心建立一套差异化的客户经营体系，依托消费大数据对客户进行分类分群，对不同群体的客群进行动态监测，观察其变化规律，根据规律制定并及时调整营销策略，激发每个客户群体贡献其最大价值，是电子支付业务数字化经营的关键思路。

（二）以客群动态监测为“指南针”

电子支付业务客群存在属性动态变化（见表1）的特征。自身属性方面，客户的年龄、资产等随着时间会发生相应的变动；外界因素方面，客户会因外界干扰改变消费意愿。客户行为变化不能由商业银行即时掌握，会出现信息偏差，导致决策制定低效。因此对客户进行归类划分后，实时监测客群的属性变化及流动趋势十分重要，不仅能观测出客群自身的发展规律，也能观测出客群间不断流动情况，直接或间接地反映了业务发展趋势和业务决策效能。

表1　客群监测内容及目的

客群监测	监测内容	监测目的
客群属性监测	客群客观属性特征	对客群年龄、性别、职业等方面特征进行数据归类分析，观测不同客群间差异
	客群主观消费意愿	对客群交易偏好、交易行为等方面特征进行数据追踪，观察客群消费习惯变化
客群流动监测	客群自然环境分流规律	观察客群自发性的消费行为改变，总结业务发展的自然规律
	客群外界因素干扰分流规律	监测客群在有干预的情况下轨迹变化，以此为支撑反哺业务决策制定

（三）以精准营销推送为“新引擎”

在探索以客群为基础的经营分析方向后，衍生出了支付领域新的营销理念，即改变以往粗放式经营模式，寻找客群精细化营销领域。

1. 客群分类触达模式。将客户按照不同特征分类，通过客群属性监测发现客群交易偏好后，商业银行就可充分利用行内外客户触点找到不同客户群体制定差异化的营销决策，“投其所好”地按客户偏好的权益形式，埋点式投入活动资金，既提升用户享受权益的感知，又增强活动资金的边际效应，高效激发客户线上线下消费的热情和活力。

2. 外部互联营销模式。近几年，非银行支付机构（以下简称支付机构）在支付场景上相较于商业银行始终掌握更多客群流量入口。但在开展营销活动中，商业银行承担着主要的活动资金提供者角色，而商业银行与支付机构之间一直未打通有效数据接口，未能与大型支付机构进行深入的交流沟通。电子支付业务亟待推动行内外数据交互、创新采用“商业银行＋支付机构”的客户选定与营销推送模式，实现“银行机构圈定客群＋支付机构场景触达”模式的全链路闭环，内外部合力达到营销效益最大化。

（四）以客群流失预警为“防护网”

支付业务因客群远端性，经营上已有“易攻难守”现象，加之近几年一系列监管政策的出台，业务面临开户数量受控，非柜面业务限制加大、存量客户限额收紧等状况，客户流失越发严重。商业银行更应重视流失客群状况。基于此，商业银行应打造一套自定义预警监测机制，反映业务人员关心的客群变动走向，实时跟踪客户发展趋势，建立起长期客群“蓄水池”。

三、业务转型探索

（一）业务愿景：实现支付业务数字运营

围绕“整合、深化、创新”理念，以客户为中心、快捷支付业务为试点，探索如何科学化决策、智能化运营、全面化预警，提升管理者决策效力，降低业务人员经营难度。

支付业务的开展和而不同，商业银行应充分利用内外资源，强化分析工具，提升管理体验，高效预防客户流失，树立一体化客户经营理念，提升对客户进行营销活动干预及信息触达的能力。对内，充分调动行内数据管理、数据集市等平台对客户进行全面分析画像；对外，鉴于电子支付业务的互联网化特性，用户的消费场景触点多为支付机构 App 或者线下扫码商户，需要加强与外部合作支付机构间数据交互、营销推动等方面合作，致力于实现业务向全面数字化愿景（见图 1）。

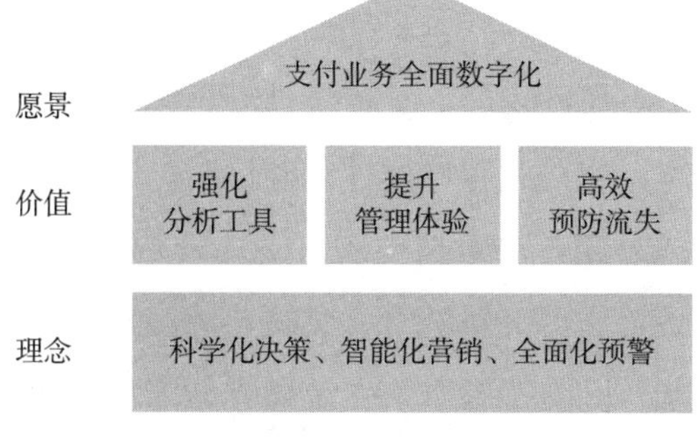

图 1　商业银行支付业务愿景

（二）业技融合：创新探索数字经营平台

基于上述理念，商业银行在工具支撑上展开深入探索：打造客户一体化经营平台（见图2）。平台通过组件化设计和开放融合外部应用接入，基于支付业务纷繁复杂的客群结构、消费行为等，结合RMF模型等数理模型，回归分析客群状态、行为趋势、交易偏好，对支付业务潜在、进入、成熟、流失等客群深化聚类，客户挖掘与接触、一体化客户分层与分群、活动创建和精准营销相关工作。平台支持可视化的业务管理导图、客群流向透视分析、流失预警监控等功能，实现支付业务开展多渠道营销触达等一整套精细运营。

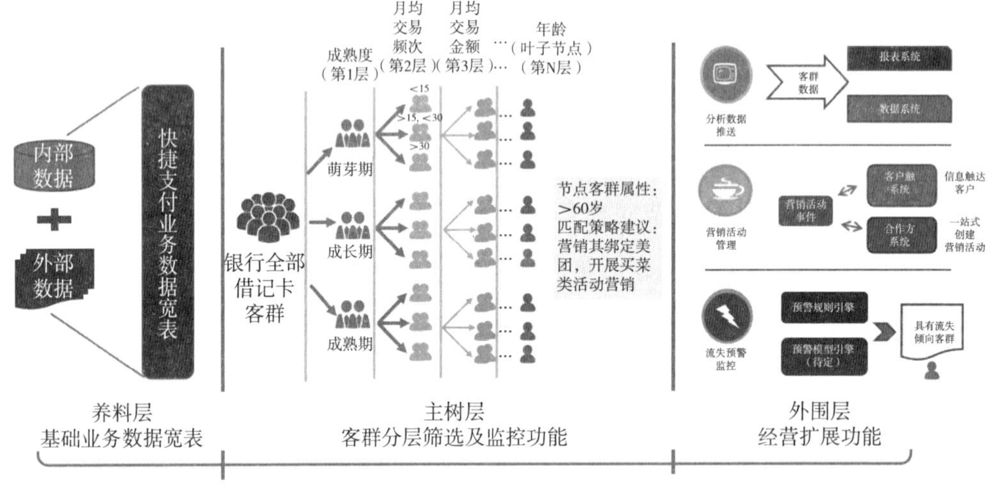

图2 商业银行一体化经营平台主架构

1. 一体化经营平台——客户管理模块（见图3）。该模块用于业务经营管理。模块以“客群基本属性”为主界面、内嵌“属性变化分析”“客群透视分析”“客群流向监控”“创建营销事件”四部分跳转子模块，主界面以按不同周期进行的方式，展示出该客群常用的基本属性及信息，包括但不限于账户数、账户余额、快捷交易金额等重点属性内容。子模块进行具体属性变化、客群流向及将客群推送至行内分析系统，或以此客群建立营销活动。

（1）客群分群筛选：基于决策树主树，支持分行按照账户的机构类型归属、快捷交易行为、客户年龄段、交易潜力、交易领域偏好、绑定支付机构的情况精准筛选所需分析的客群，并支持各省依据差异化的客群经济、发展现状，自定义决策树规则参数。

（2）客群基本属性及变化情况查看：基于选定的客群集，支持查看客群集内账户的活期余额、定期余额、AUM、昨日快捷交易情况、客群账户数占比等相关基本信息。同时，支持将多个客群打包为客群集，查看其上述相关基本信息按月变化趋势及具体数值。

（3）客群流向变化分析：基于选定的客群集，创新性支持按照选定的时间区间，通过桑基图方式展现同层其他客群与目前客群之间的账户数流入流出变化情况，直观地展现省内客群结构的变化趋势，助力分行从客群视角开展经营分析工作。

（4）客群集对外推送：基于选定的客群集，支持按照所需的目标支付机构，系统自动将客群集中的账户转化为对应的支付机构与商业银行的快捷签约协议号，并推送至分行数据集市系统，以供分行脱敏提取数据并与支付机构开展定向活动。

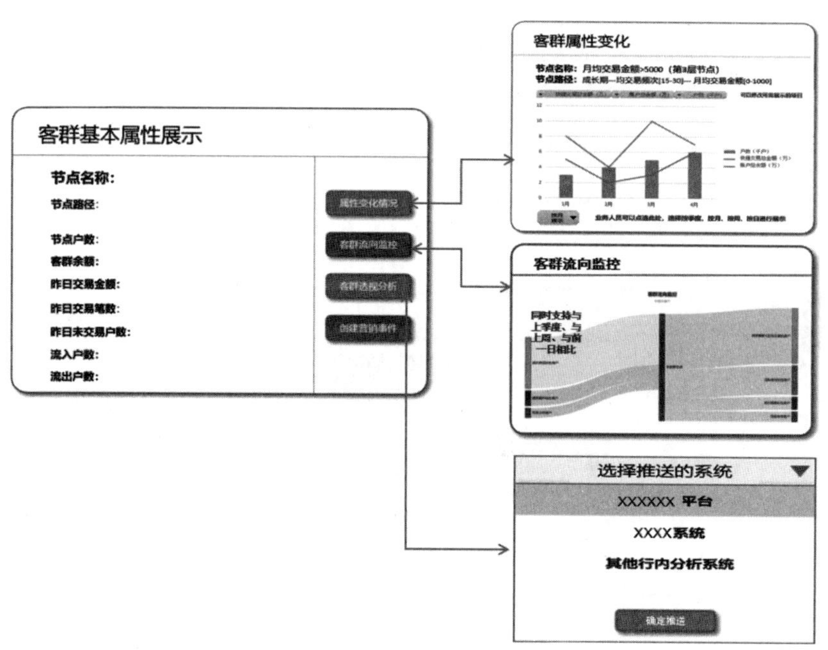

图3　商业银行一体化经营平台管理模块

商业银行业务管理人员在初次接触该平台时，可以快速上手使用，仅需利用通过与大脑思维模式相仿的决策树的层层展开方式，快速地选择所需的目标客群。在此过程中，决策树实现了属性选取的设计工作，将总行对于快捷客群分群的理念进行有机结合，直接屏蔽掉了具有干扰性的分群属性，令业务人员可以做到有的放矢，培育商业银行总分行、省行之间快捷业务人员之间的默契，降低沟通成本、提升运营效率。

2. 一体化经营平台——营销管理模块（见图4）。该模块用于业务营销管理，包含“营销活动创建”“营销信息触达”“营销活动监控”和“营销活动评估”四个子模块。

支持业务人员依据营销事件属性创建营销活动事件；基于营销事件的客群，设置营销话术、频次；随时查看该营销活动开展进度，追踪关键指标完成情况，对活动效果进行实时追踪监控，活动结束后，可以通过前后的对比生成活动；通过接口方式将要素信息推送至合作方，实现一站式活动配置的营销事件同步。

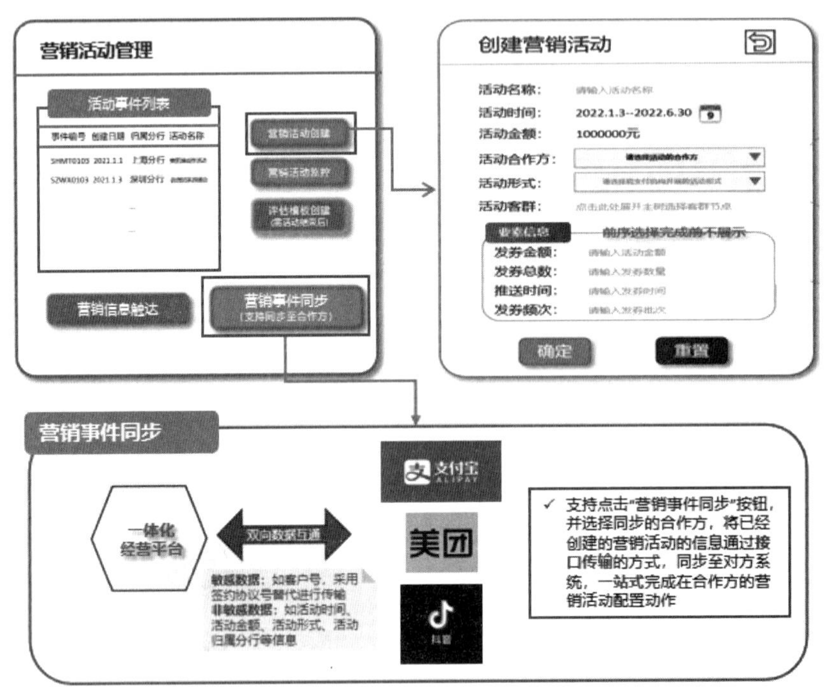

图4 商业银行一体化经营平台营销模块

该功能基于已筛选的客群开展客户精准触达、营销任务分发、客群深度分析的工作，同时与合作支付机构开展合作，在定向客户营销活动的模式上，实现新的突破。利用此功能，可以真正地做到以数字化的模式，科学、准确地分析和定位辖内客群的现状及其变化的趋势，同时，基于不同客群的特征偏好，有针对性地、无须依托网点地为其制定营销的策略并开展活动，将营销资源用在刀刃上，并利用客群流向变化的功能，从新维度评估活动开展效果及价值，真正地将电子支付业务推向“精准化、精细化”运营阶段。

3. 一体化经营平台——流失预警模块（见图5）。该模块用于业务预警监测，包含“预警规则引擎”“预警模型引擎”两个子模块，支持基于业务需求针对预警规则进行增删改查的操作，生效后，既可以持续性地进行预警监控和预警信息推送，又可以查看其中的某一预警命中客群的详细情况。

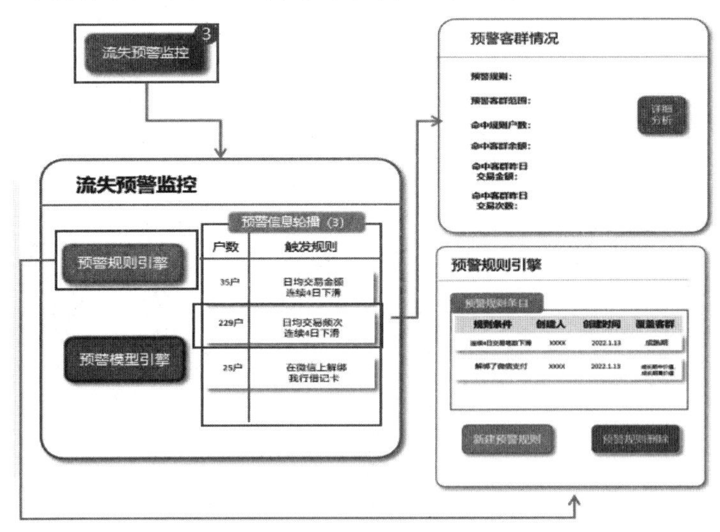

图5　商业银行一体化经营平台流失预警模块

通过对流失客群规则库逐步完善、模型持续训练等，形成存量高价值客群的流失预警模型，支持流失预警实时推送、预警事件分析等功能，业务人员基于模型定位流失客群并制定干预决策，实现存量客群精细化维护工作。依托该功能，助力商业银行业务人员，做到“精准追踪，科学防范”，完善客群蓄水机制，为商业银行支付业务不断注入源头活水。

（三）平台运用展望

对内，平台搭建完成后可在商业银行总行及下属分行进行试点。总行可运用平台给出平均数据参考，分行可自行创建属于自己辖内的特色客群开展针对性的营销活动、观测客群变动情况，做好预警处理工作。试点分行可率先采用平台完成省内待激活高价值客户的筛选工作，并由服务商协助在支付机构完成活动客群数据同步及营销活动的配置工作，持续跟踪活动效果，提出优化改进意见。商业银行应实时关注平台运营成效，优化及改进，待平台技术成熟后，面向全国范围内推广应用，实现全国支付业务客群分类数字化转型。

对外，商业银行可以与友行及第三方支付机构共同应用此平台，实时了解行业市场整体客群结构变化风向，调整经营策略，做到取长补短，求同存异，共同推进支付行业发展进程。

统计分析

2022 年第三季度非银行支付机构业务发展情况分析

文/罗建华　崔元悦*

摘要： 2022 年第三季度，协会非银行支付机构类会员单位（以下简称支付机构）共完成支付业务 3343.01 亿笔、金额 115.18 万亿元，同比分别增长 3.69%、下降 1.45%。2022 年第三季度，支付机构应对疫情影响的能力有所增强，受疫情的影响较上一季度有所减弱，支付业务总量同比基本保持稳定。从交易金额看，网络支付业务量同比略有下降，银行卡收单业务量同比下降，预付卡交易量同比有所上升。从机构维度看，头部机构发展差异化持续，79 家预付卡机构中，有 23 家机构交易额超过 1 亿元。

关键词： 统计分析　非银行支付机构　业务发展

一、支付业务总体情况

（一）支付业务总量同比基本持平

2022 年第三季度，支付机构共完成支付业务（含网络支付业务、银行卡收单业务、预付卡业务）3343.01 亿笔、金额 115.18 万亿元，同比分别增长 3.69%、下降 1.45%（见图 1）[①]。

2022 年第三季度，疫情对支付业务量的影响有所减弱，网络支付业务、银行卡收单业务、预付卡业务交易量同比波动均较第二季度有所下降。网络支付业

* 作者单位：中国支付清算协会。

① 个别机构自 2022 年起按照新口径报送银行卡收单业务数据，并对 2021 年第三季度数据进行回溯修订。

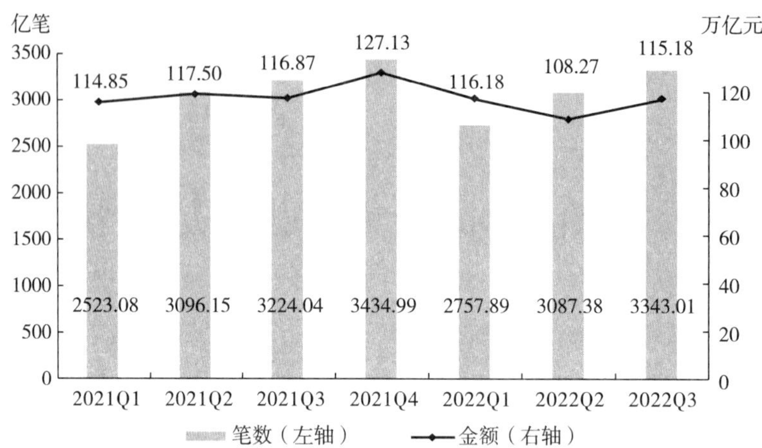

图1 2021Q1—2022Q3 支付机构交易总量

务金额 104.53 万亿元，同比下降 0.96%；银行卡收单金额 10.64 万亿元，同比下降 6.04%；预付卡交易金额 129.57 亿元，同比增长 4.62%。各类支付业务份额保持稳定，从交易总金额占比来看，网络支付业务占比 90.75%，银行卡收单业务占比 9.23%，预付卡交易份额仅为万分之一（见表1）。

表1 2022 年第三季度支付机构支付业务整体情况

业务种类	笔数			金额		
	亿笔	同比增长	占比	亿元	同比增长	占比
网络支付	3129.85	2.99%	93.62%	1045325.58	-0.96%	90.75%
银行卡收单	198.79	18.60%	5.95%	106369.47	-6.04%	9.23%
预付卡交易	14.43	-17.23%	0.43%	129.57	4.62%	0.01%
合计	3343.01	3.69%	100.00%	1151824.62	-1.45%	100.00%

（二）支付交易小额化特征持续

2022 年第三季度，支付业务笔均交易金额为 344.55 元，同比下降 4.96%。其中，网络支付笔均交易金额为 333.99 元，同比下降 3.84%；银行卡收单交易笔均金额为 535.17 元，同比下降 20.78%；预付卡交易笔均金额为 9.00 元，同比增长 26.63%（见表2）。

表 2　　2022 年第三季度支付机构各业务笔均交易额①

业务种类	2022 年第三季度		2021 年第三季度
	元	同比	元
网络支付	333.99	-3.84%	347.31
银行卡收单	535.17	-20.78%	675.51
预付卡交易	9.00	26.63%	7.11
合计	344.55	-4.96%	362.53

（三）支付业务金额排名前十机构业务总量占比超过九成

2022 年第三季度，支付业务金额排名前十位的机构共完成支付业务 3079.27 亿笔、金额 103.97 万亿元，同比分别增长 2.86%、下降 0.36%；排名前十的机构业务笔数和金额分别占交易总量的 92.11%、90.27%。

二、网络支付业务

2022 年第三季度，支付机构共完成网络支付业务 3129.85 亿笔，同比增长 2.99%，金额 104.53 万亿元，同比下降 0.96%；分别占交易总量的 93.38%、88.48%。其中，移动电话支付作为网络支付的主要部分，在网络支付中的金额占比为 87.43%；互联网支付在网络支付中的金额占比为 12.57%（见表 3）。

表 3　　2022 年第三季度网络支付业务情况

网络支付业务	笔数			金额		
	亿笔	同比增长	占比	亿元	同比增长	占比
互联网支付	421.94	18.06%	13.48%	131389.43	-8.21%	12.57%
移动电话支付	2707.91	0.98%	86.52%	913936.07	0.18%	87.43%
固定电话支付	0.00	0.00%	0.00%	0.08	0.00%	0.00%
数字电视支付	0.00	-100.00%	0.00%	0.00	-100.00%	0.00%
合计	3129.85	2.99%	100.00%	1045325.58	-0.96%	100.00%

① 个别机构自 2022 年起按照新口径报送银行卡收单业务数据，并对 2021 年第三季度数据进行回溯修订。

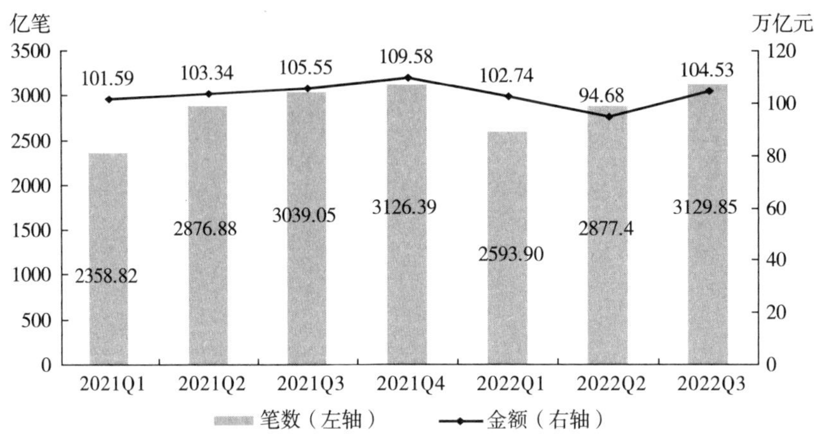

图2　2021Q1—2022Q3 网络支付业务量

（一）受疫情影响互联网支付业务金额同比继续下降

2022 年第三季度，支付机构共处理互联网支付业务 421. 94 亿笔、金额 13. 14 万亿元，同比分别增长 18. 06%、下降 8. 21%。互联网支付笔数和金额占网络支付业务比重分别为 13. 48%、12. 57%（见图 3）。

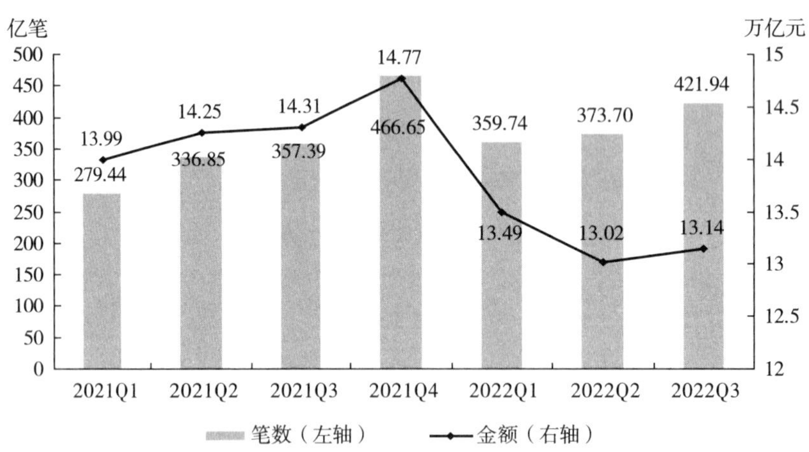

图3　2021Q1—2022Q3 互联网支付业务量

互联网支付业务金额排名前十位的支付机构共完成互联网支付业务 371. 86 亿笔、金额 10. 72 万亿元，同比分别增长 18. 29%、下降 2. 63%。排名前十的机构业务笔数、金额占比分别为 88. 13%、81. 62%。

受疫情影响，第三季度互联网支付业务量的同比变化延续了第二季度的下降趋势，因为疫情下小额、高频的生活类支付需求显著增加，所以互联网支付业务笔数同比增长显著，金额同比下降。

（二）移动电话支付业务在网络支付市场份额占比近九成，同比小幅增长

2022 年第三季度，支付机构共处理移动电话支付业务 2707.91 亿笔、金额 91.39 万亿元，同比分别增长 0.98%、0.18%。移动电话支付业务占网络支付总量的 86.53%、87.43%（见图 4）。

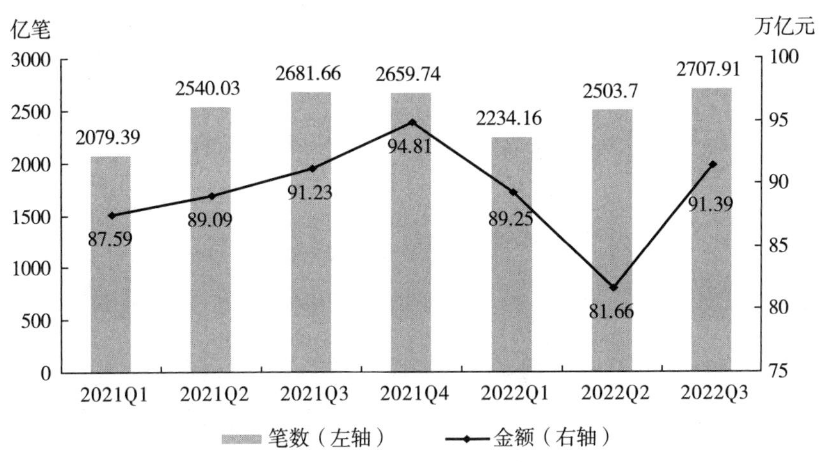

图 4　2021Q1—2022Q3 移动电话支付业务量

移动电话支付在所有业务类型中的市场集中度最高，业务金额排名前十位的支付机构共完成移动电话支付业务 2703.69 亿笔、金额 91.39 万亿元，同比分别增长 1.57%、0.35%；笔数、金额占比分别为 99.84%、99.77%。

（三）固定电话支付业务的市场参与机构仅剩 2 家，本季度没有机构开展数字电视支付业务

2022 年第三季度，支付机构共处理固定电话支付业务 1.25 万笔、金额 840.00 万元。

（四）支付机构在用支付账户总量和新开立支付账户环比均保持增长

截至 2022 年第三季度末，支付机构在用支付账户（含非实名）数量共计 62.49 亿个，环比增长 5.08%；新开立支付账户 1.89 亿个，环比增长 12.01%。

2022 年第三季度，支付账户数量排名前十位的机构共拥有在用支付账户 58.83 亿个，环比增长 5.74%，占比为 94.15%；新开立支付账户 1.78 亿个，环比增长 12.13%，占比为 94.49%。

三、银行卡收单业务

银行卡收单业务金额同比下降。2022 年第三季度，支付机构共完成银行卡收单业务 198. 79 亿笔、金额 10. 64 万亿元[①]，同比分别增长 18. 60%、下降 6. 04%[②]（见图 5）。

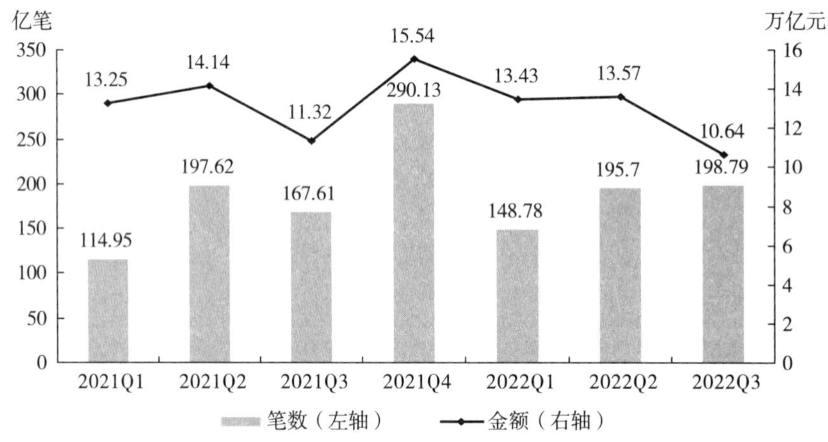

图 5　2021Q1—2022Q3 银行卡收单业务量

银行卡收单业务市场集中度较其他业务类型低。排名前十位的支付机构共处理银行卡收单业务 124. 03 亿笔、金额 6. 21 万亿元，同比分别增长 42. 91%、下降 0. 15%，分别占银行卡收单总量的 62. 39%、58. 37%。

四、预付卡业务

2022 年第三季度，从事预付卡业务的机构数量为 79 家。其中，有 11 家机构经营公交一卡通业务。预付卡总体业务规模较小，预付卡交易量在第三季度持续萎缩，交易金额在支付机构交易总金额中仅占万分之一。

---

① 其中，线下收单 129. 57 亿笔、金额 9. 14 万亿元。

② 个别机构自 2022 年起按照新口径报送银行卡收单业务数据，并回溯修订 2021 年第一季度以来历史数据，因此收单业务量下降明显。

（一）预付卡发行（含充值）业务受疫情影响同比显著下降

2022年第三季度，共发行实体预付卡0.20亿张、金额149.21亿元，同比分别下降17.19%、9.48%。发行金额排名前十位的机构共发行预付卡1509.11万张，同比下降21.01%；金额108.13亿元，同比下降1.09%；预付卡发行张数和金额分别占总量的74.80%、72.47%。

（二）预付卡交易业务量同比下降

2022年第三季度，支付机构共发生预付卡交易14.43亿笔、金额129.57亿元，同比分别减少17.23%、增长4.62%。交易金额排名前十位的机构共发生预付卡交易8.99亿笔、金额90.72亿元，分别占预付卡交易总量的62.31%、70.02%。79家机构中，有23家机构交易额超过1亿元，另有11家机构交易额低于10万元，经营面临较大困难。

五、跨境支付业务

2022年第三季度，共有42家支付机构开展跨境支付业务，共处理跨境支付业务17.35亿笔、金额2800.67亿元（见图6）。

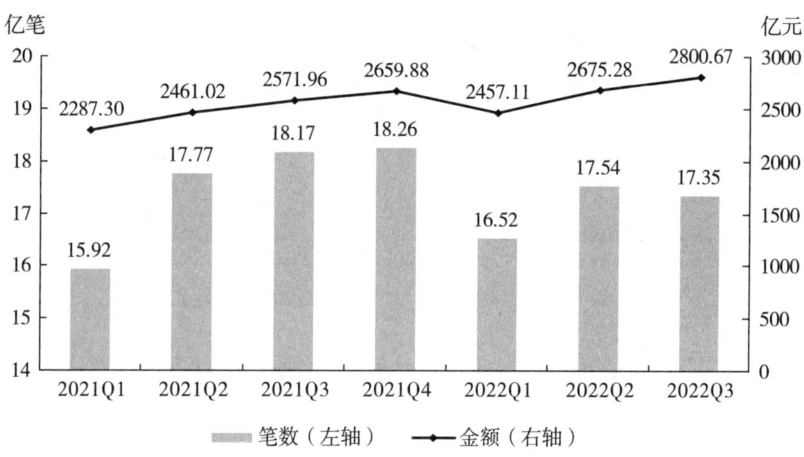

图6 2021Q1—2022Q3跨境支付业务量

跨境人民币支付业务量是跨境外汇支付业务量的数倍，跨境收入业务量是跨境支出业务量的近2倍。2022年第三季度，有40家机构开展跨境人民币业务，21家开展跨境外汇业务，跨境人民币支付业务金额为跨境外汇支付业务金额的

6.45 倍，占跨境支付交易总金额的 86.58%。跨境收入业务金额为跨境支出业务金额的 1.85 倍，占跨境支付交易总金额的 64.85%（见图 7、图 8）。

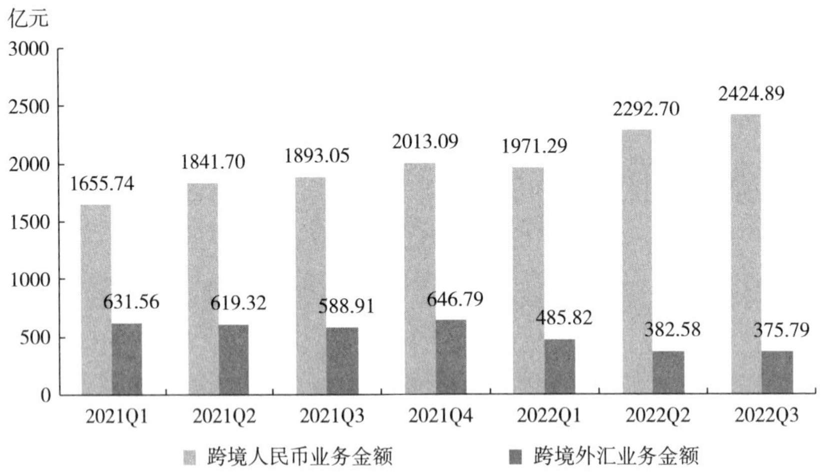

图 7　2021Q1—2022Q3 跨境支付业务量

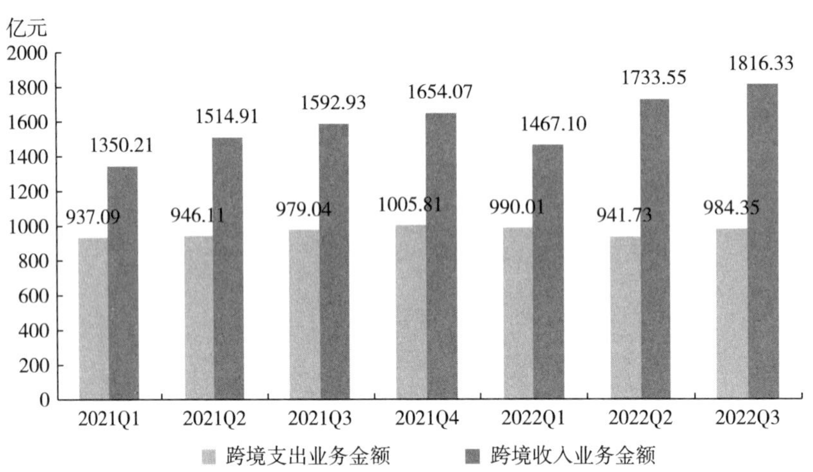

图 8　2021Q1—2022Q3 跨境支出和收入业务金额

六、小结

疫情影响下第三季度支付业务量同比略有下降。第三季度支付业务总量同比保持稳定，总金额同比下降 1.45%。其中，网络支付业务金额同比下降 0.96%，银行卡收单业务金额同比下降 6.04%，预付卡业务金额同比增长 4.62%。

网络支付业务量同比小幅下降。与第二季度相比，疫情对本季度网络支付业务的冲击有所减弱。网络支付业务是支付业务中最重要的组成部分，且市场集中度最高，网络支付业务总量受头部机构业务量波动的影响较大。

银行卡收单业务量同比下降。银行卡收单牌照具有地域限制，收单业务市场集中度不高，银行卡收单金额占比超过 10% 的机构仅有 2 家，笔数占比超过 10% 的机构仅有 2 家。在银行卡收单金额排名前十位的机构中，因受地域不同、经营策略差异等因素影响，各机构业务量波动差异显著，有 6 家机构收单金额同比增长，4 家机构收单金额同比下降，因此银行卡收单业务量总体波动幅度较小。

预付卡业务量同比上升。2022 年第三季度，预付卡业务量打破了前两个季度同比下降的趋势，本季度预付卡交易金额同比上升 4. 62% ，交易笔数同比持续下降，下降 17. 23% 。在预付卡业务金额排名前十位的机构中，预付卡交易金额同比增长的机构有 5 家，笔数同比增长的机构仅有 3 家。

‖ 政策传递 ‖

商业汇票承兑、贴现与再贴现管理办法

第一章　总　则

第一条　为了规范商业汇票承兑、贴现与再贴现业务，根据《中华人民共和国票据法》《中华人民共和国中国人民银行法》《中华人民共和国银行业监督管理法》《中华人民共和国商业银行法》等有关法律法规，制定本办法。

第二条　本办法所称商业汇票是出票人签发的，委托付款人在见票时或者在指定日期无条件支付确定的金额给收款人或者持票人的票据，包括但不限于纸质或电子形式的银行承兑汇票、财务公司承兑汇票、商业承兑汇票等。

第三条　电子商业汇票的出票、承兑、贴现、贴现前的背书、质押、保证、提示付款和追索等业务，应当通过人民银行认可的票据市场基础设施办理。供应链票据属于电子商业汇票。

第四条　本办法所称承兑是指付款人承诺在商业汇票到期日无条件支付汇票金额的票据行为。

第五条　本办法所称贴现是指持票人在商业汇票到期日前，贴付一定利息将票据转让至具有贷款业务资质机构的行为。持票人持有的票据应为依法合规取得，具有真实交易关系和债权债务关系，因税收、继承、赠与依法无偿取得票据的除外。

第六条　本办法所称再贴现是指人民银行对金融机构持有的已贴现未到期商业汇票予以贴现的行为，是中央银行的一种货币政策工具。

第七条　商业汇票的承兑、贴现和再贴现，应当遵循依法合规、公平自愿、诚信自律、风险自担的原则。

第二章 承 兑

第八条 银行承兑汇票是指银行和农村信用合作社承兑的商业汇票。银行主要包括政策性开发性银行、商业银行和农村合作银行。银行承兑汇票承兑人应在中华人民共和国境内依法设立，具有银保监会或其派出机构颁发的金融许可证，且业务范围包含票据承兑。

第九条 财务公司承兑汇票是指企业集团财务公司承兑的商业汇票。财务公司承兑汇票承兑人应在中华人民共和国境内依法设立，具有银保监会或其派出机构颁发的金融许可证，且业务范围包含票据承兑。

第十条 商业承兑汇票是由银行、农村信用合作社、财务公司以外的法人或非法人组织承兑的商业汇票。商业承兑汇票承兑人应为在中华人民共和国境内依法设立的法人及其分支机构和非法人组织。

第十一条 银行、农村信用合作社、财务公司承兑人开展承兑业务时，应当严格审查出票人的真实交易关系和债权债务关系以及承兑风险，出票人应当具有良好资信。承兑的金额应当与真实交易关系和债权债务关系、承兑申请人的偿付能力相匹配。

第十二条 银行、农村信用合作社、财务公司承兑的担保品应当严格管理。担保品为保证金的，保证金账户应当独立设置，不得挪用或随意提前支取保证金。

第十三条 银行、农村信用合作社、财务公司承兑业务应当纳入存款类金融机构统一授信管理和风险管理框架。

第三章 贴现和再贴现

第十四条 商业汇票的贴现人应为在中华人民共和国境内依法设立的、具有贷款业务资质的法人及其分支机构。申请贴现的商业汇票持票人应为自然人、在中华人民共和国境内依法设立的法人及其分支机构和非法人组织。

第十五条 申请贴现的持票人取得贴现票据应依法合规，与出票人或前手之间具有真实交易关系和债权债务关系，因税收、继承、赠与依法无偿取得票据的除外。

第十六条 持票人申请贴现，须提交贴现申请、持票人背书的未到期商业汇票以及能够反映真实交易关系和债权债务关系的材料。

第十七条 持票人可以通过票据经纪机构进行票据贴现询价和成交，贴现撮合交易应当通过人民银行认可的票据市场基础设施开展。

第十八条 票据经纪机构应为市场信誉良好、票据业务活跃的金融机构。票据经纪机构应当具有独立的票据经纪部门和完善的内控管理机制，具有专门的经纪渠道，票据经纪业务与自营业务严格隔离。票据经纪机构应当具有专业的从业人员。

第十九条 转贴现业务按照人民银行和银保监会票据交易有关规定执行。

第二十条 办理商业汇票贴现业务的金融机构，可以申请办理再贴现业务。再贴现业务办理的条件、利率、期限和方式，按照人民银行有关规定执行。

第四章 风险控制

第二十一条 金融机构应当具备健全的票据业务管理制度和内部控制制度，审慎开展商业汇票承兑和贴现业务，采取有效措施防范市场风险、信用风险和操作风险。

第二十二条 商业汇票的承兑人和贴现人应当具备良好的经营和财务状况，最近二年不得发生票据持续逾期或者未按规定披露信息的行为。商业汇票承兑人对承兑的票据应当具备到期付款的能力。

第二十三条 财务公司承兑人所属的集团法人应当具备良好的经营和财务状况，最近二年不得发生票据持续逾期或者未按规定披露信息的行为，最近二年不得发生重大违法行为，以及其他严重损害市场主体合法权益或社会公共利益的行为。

第二十四条 银行承兑汇票和财务公司承兑汇票的最高承兑余额不得超过该承兑人总资产的15%。银行承兑汇票和财务公司承兑汇票保证金余额不得超过该承兑人吸收存款规模的10%。人民银行和银保监会可以根据金融机构内控情况设置承兑余额与贷款余额比例上限等其他监管指标。

第二十五条 商业汇票的付款期限应当与真实交易的履行期限相匹配，自出票日起至到期日止，最长不得超过6个月。

第五章 信息披露

第二十六条 商业汇票信息披露按照人民银行有关规定执行，应当遵循及时、真实、准确、完整的原则。

第二十七条 商业承兑汇票承兑人和财务公司承兑汇票承兑人应当按照人民银行规定披露票据主要要素及信用信息。银行承兑汇票承兑人应当披露承兑人信用信息。

第二十八条 贴现人办理商业汇票贴现的，应当按照人民银行规定核对票据披露信息，信息不存在或者记载事项与披露信息不一致的，不得为持票人办理贴现。

第二十九条 商业汇票背书转让时，被背书人可以按照人民银行规定核对票据信息，信息不存在或者记载事项与披露信息不一致的，可以采取有效措施识别票据信息真伪及信用风险，加强风险防范。

第三十条 商业汇票承兑人为非上市公司、在债券市场无信用评级的，鼓励商业汇票流通前由信用评级机构对承兑人进行主体信用评级，并按照人民银行有关规定披露相关信息。

第三十一条 票据市场基础设施按人民银行有关要求对承兑人信息披露情况进行监测，承兑人存在票据持续逾期或披露信息存在虚假、遗漏、延迟的，票据市场基础设施应根据业务规则采取相应处置措施，并向人民银行报告。

第六章 监督管理

第三十二条 人民银行依法监测商业汇票承兑和贴现的运行情况，依法对票据市场进行管理。

第三十三条 人民银行、银保监会按照法定职责对商业汇票的承兑、贴现、风险控制和信息披露进行监督管理。人民银行对再贴现进行监督管理。

第三十四条 票据市场基础设施和办理商业汇票承兑、贴现、再贴现业务的主体，应当按规定和监管需要向人民银行和银保监会报送有关业务数据。

第七章 法律责任

第三十五条 银行承兑汇票、财务公司承兑汇票的承兑限额、付款期限超出规定的，由人民银行及其分支机构、银保监会及其派出机构对承兑人进行警告、通报批评，并由银保监会及其派出机构依法处以罚款。

第三十六条 商业汇票承兑人最近二年发生票据持续逾期或者未按规定披露

信息的，金融机构不得为其办理票据承兑、贴现、保证、质押等业务。

第三十七条　金融机构为不具有真实交易关系和债权债务关系（因税收、继承、赠与依法无偿取得票据的除外）的出票人、持票人办理商业汇票承兑、贴现的，由银保监会及其派出机构根据不同情形依法采取暂停其票据业务等监管措施或者实施行政处罚；对直接负责的董事、高级管理人员和其他直接责任人员，依法追究相关责任。

第三十八条　商业汇票出票人、持票人通过欺诈手段骗取金融机构承兑、贴现的，依法承担相应责任；涉嫌构成犯罪的，移送司法机关依法追究刑事责任。

第三十九条　未经依法许可或者违反国家金融管理规定，擅自从事票据贴现的，依照有关法律法规进行处置。

第八章　附　则

第四十条　本办法由人民银行、银保监会负责解释。

第四十一条　本办法第二十四条规定自 2024 年 1 月 1 日起实施。

第四十二条　本办法自 2023 年 1 月 1 日起施行。《商业汇票承兑、贴现与再贴现管理暂行办法》（银发〔1997〕216 号文印发）、《中国人民银行关于切实加强商业汇票承兑贴现和再贴现业务管理的通知》（银发〔2001〕236 号）同时废止。

人民银行、银保监会有关负责人就修订发布《商业汇票承兑、贴现与再贴现管理办法》答记者问

2022年11月，人民银行、银保监会联合修订发布了《商业汇票承兑、贴现与再贴现管理办法》（以下简称《办法》）。人民银行、银保监会有关负责人就此回答了记者提问。

一、出台《办法》的背景是什么?

1997年人民银行发布《商业汇票承兑、贴现与再贴现管理暂行办法》（以下简称《暂行办法》）。《暂行办法》实施以来，对商业汇票业务平稳健康发展、支持企业资金周转和优化信贷结构起到了积极作用。近年来，随着经济金融形势及票据市场环境发生变化，《暂行办法》中有些规定已不适用，亟待修订调整以促进市场规范。为更好保障中小微企业合法权益，结合票据市场发展实践和风险防范要求，人民银行、银保监会联合对《暂行办法》进行修订后形成了《办法》。《办法》遵循市场化、法治化原则，着力完善票据市场信用管理框架和市场化约束机制，强化参与主体行为规范，明确监督管理和法律责任，进一步促进票据市场规范健康发展。

二、《办法》主要修订内容是什么?

《办法》共八章四十二条，包括总则、承兑、贴现和再贴现、风险控制、信

息披露、监督管理、法律责任和附则。主要修订体现在以下方面：

一是明确相关票据性质与分类。商业汇票包括纸质或电子形式的银行承兑汇票、财务公司承兑汇票、商业承兑汇票等。明确供应链票据属于电子商业汇票。

二是强调真实交易关系。银行、农村信用合作社、财务公司承兑人开展承兑业务时，应当严格审查出票人的真实交易关系和债权债务关系。持票人申请贴现，应当与出票人或前手之间具有真实交易关系和债权债务关系。

三是强化信息披露及信用约束机制。在前期商业承兑汇票信息披露相关公告基础上，将信息披露范围扩大至银行承兑汇票。要求承兑人按规定披露相关信息，并强化了对承兑人的信用约束机制。

四是加强风险控制。金融机构应当具备健全的票据业务管理制度和内部控制制度，审慎开展商业汇票承兑和贴现业务。承兑人应当做到经营和财务状况良好，具备到期付款能力。对银行承兑汇票和财务公司承兑汇票的最高承兑余额和保证金余额设置比例上限。为落实国务院常务会议要求，将商业汇票最长期限由1年调整至6个月。

三、《办法》对促进票据市场高质量发展有何积极作用？

《办法》坚持问题导向，对近年来票据市场存在的主要问题提出针对性管理要求，促进市场主体务实、合理展业，对票据市场的积极作用主要体现在以下方面：一是促进商业汇票更好服务实体经济商业贸易，防范脱离真实交易背景的虚假出票。二是为供应链票据进一步发展夯实法制基础，推动提升产业链供应链韧性。三是部分不合理拉长账期的商业汇票将退出市场，有利于减轻中小微企业占款压力，维护公平交易关系，优化营商环境。四是敦促银行、财务公司等承兑人将票据承兑规模控制在合理水平，提升自身流动性管理和资产负债管理能力。五是进一步提升市场透明度，健全市场化约束机制，完善票据市场信用管理框架。

为维护市场平稳运行，《办法》自2023年1月1日起施行，并为银行承兑汇票和财务公司承兑汇票的比例限额要求设置一年过渡期。

商务部　中国人民银行
关于进一步支持外经贸企业扩大人民币跨境使用促进贸易投资便利化的通知

各省、自治区、直辖市及计划单列市、新疆生产建设兵团商务主管部门，中国人民银行上海总部，各分行、营业管理部，各省会（首府）城市中心支行，各副省级城市中心支行：

为贯彻落实党中央、国务院决策部署，进一步便利跨境贸易投资人民币使用，更好满足外经贸企业交易结算、投融资、风险管理等市场需求，现就有关工作通知如下：

一、充分认识扩大人民币跨境使用积极意义。党的二十大提出，坚持把发展经济的着力点放在实体经济上；提升贸易投资合作质量和水平；有序推进人民币国际化。各地商务主管部门和人民银行分支机构要深入学习贯彻党的二十大和中央经济工作会议精神，充分认识跨境人民币业务服务实体经济、促进贸易投资便利化的积极作用，坚持市场驱动和企业自主选择，及时摸排和对接行业企业需求，结合当地实际采取针对性举措，着力解决外经贸企业“急难愁盼”，为人民币跨境使用创造良好政策环境。

二、促进更高水平贸易投资便利化。便利货物贸易、服务贸易及各类贸易新业态跨境人民币结算，支持大宗商品人民币计价结算，支持境外投资者以人民币来华投资、境内再投资，便利对外承包工程企业人民币境外资金集中管理、确需支付款项汇出，支持我与周边国家（地区）、RCEP 区域内贸易投资人民币结算。鼓励银行在“展业三原则”基础上，为真实、合规的跨境贸易投资提供更加便捷、高效的人民币结算服务。各地商务主管部门要积极推动将跨境人民币便利化措施纳入相关领域支持政策，有条件的地方可推动纳入优化营商环境工作举措及相关考核目标。

三、更好满足企业跨境投融资需求。各地商务主管部门要积极梳理反映企业人民币投融资需求，推动银企精准对接。鼓励银行境内外联动开展境外人民币贷款业务，按照商业原则降低人民币融资成本，支持对外投资、对外承包工程企业参与“一带一路”建设，鼓励对有实际需求且符合条件的境外项目和企业优先采用人民币贷款。鼓励银行通过经常项下跨境人民币集中收付、跨境双向人民币资金池等业务，满足企业人民币资金集中处理、归集管理和余缺调剂需求；通过信用证、福费廷、押汇、贴现、保理、代付等业务，满足企业人民币贸易融资需求，并结合贸易特点进一步创新产品服务。

四、因企施策增强企业获得感。有序开展更高水平贸易投资人民币结算便利化试点，鼓励银行将更多优质企业纳入便利化政策范畴，鼓励省级跨境人民币业务自律机制间共享优质企业名单。有条件的地方可通过认定一批示范企业等形式，强化激励效应。积极拓展跨境人民币业务“首办户”，扩大覆盖面。着力加大对中小微企业支持力度，便利其在跨境贸易投资中使用人民币结算，规避汇率风险、降低汇兑成本。支持供应链核心企业，带动境内外、上下游企业更多使用人民币，促进内外贸融合发展。推动国有企业带头，集团内部境内外企业往来积极使用人民币。

五、充分发挥对外开放平台作用。进一步丰富人民币使用场景，重点支持上海自贸试验区临港新片区、粤港澳大湾区、海南自由贸易港等地区立足定位，开展跨境人民币业务创新。鼓励银行为国家级经济技术开发区、边（跨）境经济合作区、国际性展会等提供跨境人民币结算“一体化”配套综合金融服务。扩大境外经贸合作区人民币使用，支持银行入驻设点，为区内企业提供高效便捷跨境人民币服务，促进人民币在岸离岸良性互动、协调发展。

六、持续完善综合金融服务。鼓励银行根据外经贸企业实际需求，积极创新产品服务，提供交易撮合、支付结算、财务规划、风险管理等综合金融服务，提供更多人民币保值增值工具，培育境内外主体人民币使用习惯。鼓励银行按照“实质重于形式”原则，简化跨境人民币结算流程，提升便利性和资金到账效率。强化保险保障，通过扩大覆盖面、优化承保条件等方式，加大对企业人民币跨境贸易投资的出口信用保险和海外投资险承保力度，支持企业投保或续保时以人民币作为收付币种。

七、发挥资金基金引导作用。各地商务主管部门要用好外经贸发展专项资金，在符合世贸组织规则前提下，撬动更多资源，为企业提供公共服务，支持跨境贸易投资更多使用人民币。支持服务贸易创新发展引导基金做好项目对接，为符合条件的人民币贸易投资项目提供股权融资支持。

八、提升政策宣传培训实效。鼓励各地创新形式开展多样化宣传和培训，通过实地走访、座谈交流、专家授课、编写案例、发倡议书、录短视频、推二维码等形式，进一步促进银企对接，扩大政策受益面。加强银行内部宣传培训，通过完善绩效考核激励机制、设立示范岗位、举办技能竞赛等形式，增强服务意识、提升业务水平，着力强化银行基层机构跨境人民币业务服务能力。

九、凝聚跨境人民币工作合力。加强横向协作，各地商务主管部门和人民银行分支机构要密切沟通、强化协同，注重发挥行业协会商会和自律机制作用。有条件的地方可会同相关部门和金融机构成立工作专班，共享信息、交流经验，及时研究解决工作推进中的难点堵点。加强纵向联动，推动政策向市县区传导，确保在基层落地见效。各地在工作中的重要情况、经验做法、意见建议请及时报送商务部（财务司）、人民银行（宏观审慎管理局）。

商务部　中国人民银行
2023 年 1 月 6 日

《中国支付清算》征稿启事

《中国支付清算》（按季出版）是由中国支付清算协会主办、中国金融出版社出版发行的、以支付清算结算为研究对象的国家级出版物。《中国支付清算》将授予本书确定的相关学术资源数据库和网站、微信公众号电子版权。凡向《中国支付清算》投稿的作者，视为同意上述授权，本书支付给作者的稿酬已包含上述数据库和微信公众号著作权使用费。

《中国支付清算》设有特约评论、行业聚焦、经济观察、理论研究、政策解读、统计分析、案例研究、国际观察、金融账户、金融工具、金融基础设施、金融监管、金融创新、金融科技、金融标准、金融普惠、反洗钱、法律探讨、风险管理、经验推介、金融知识、金融译林、金融史话、社会责任、基层声音等栏目。每辑栏目根据所录文章灵活设置。

《中国支付清算》紧紧围绕“宣传党中央、国务院经济金融工作部署，跟踪支付清算发展，研究支付清算理论、探讨支付清算实务、促进产业健康发展”的宗旨，密切关注国内国际支付清算发展的理论成果和改革动态，涉及国内外支付服务组织、账户管理、支付工具、金融基础设施、市场监管等主要内容，同时兼顾相关经济金融领域的重要问题，具有较强的专业性、理论性、实务性和学术性。

《中国支付清算》服务支付产业发展，贴近监管和市场，平台高、影响面广。欢迎支付清算行业从业人员、高等院校和研究机构等社会各界人士投稿，思想性强、逻辑严密、写作规范的稿件优先编发，并择优在中国支付清算论坛支付清算学术研讨会上介绍交流；在征得作者同意的前提下，通过专门工作机制择优向英国《支付战略与体系》期刊（*Journal of Payments Strategy & Systems*，JPSS，英国亨利·斯图尔特出版社出版的银行和金融业系列刊物之一）推荐。

为规范《中国支付清算》用稿，提高编辑质量和效率，请投稿者务必遵守《〈中国支付清算〉稿件要求和体例》。本书只接受电子版投稿，投稿邮箱为：huikanzhuanyong@ pcac. org. cn。投稿文档请按如下格式标明，并同时标注于邮件主题上：“投稿日期_作者_文章名”。

投稿文章须为原创作品，文责自负。凡投寄本书的稿件，请务必注明参考文献。翻译稿件请务必获得原作者授权并注明出处。请勿一稿多投，严禁抄袭，查重率不得高于10%。投稿后三个月内未收到用稿反馈的，可自行处理。在编辑出版过程中，如遇到他书（刊）采用的，请作者及时告知，以免造成重复编发。

投稿者还可关注中国支付清算协会官方网站（http：//www. pcac. org. cn）和微信公众号（中国支付清算协会），获取中国支付清算协会和《中国支付清算》的出版资讯、学术活动、征稿主题等相关信息。